北タイ・冒険の谷

富田育磨

◉目次◉

北タイ・冒険の谷

はじめに——004
本書内の語句と内容について——007

1〈シンプルに暮らす〉……衣・食・住の知恵

テントと寝袋——014　セーター——016
目覚し時計——018　山の恵み——020
即席麺——022　竹の椀——024
炉端のネコ——026
【エッセーの背景❶】
北タイ山村とはどういうところか——028

2〈森を大事にする〉……環境と伝統の継承

小鳥とリス——030　山火——032
生け贄——034　林道の復旧——036
天気雨——038　盗伐——040
野鶏——042
【エッセーの背景❷】
北タイ山村で私はどんな活動をしているか——044

3〈助け合って働く〉……今日の生業と交通

マイティX——046　トウガラシ——048
田んぼの休日——050　チキン・レース——052
焼畑の火入れ——054　薪拾い——056
町のT字路——058
【エッセーの背景❸】
現地活動をはじめるまでの「失われた一〇年」——060

4〈外の世界と折り合う〉……「独自性」の展開

ヨハン牧師——062　欧米のNGO——064
ムエタイ選手——066　村びとのペース——068
解熱鎮痛薬——070　若者とSNS——072
ハーモニー——074　老婆と太陽——076
【エッセーの背景❹】
北タイの少数民族は多数民族をどのように見ているか——078

5〈自立心を養う〉……子どもとコミュニティ

水まわり小屋——080　クリスマス・キャロル——082
バイク少年——084　青年僧——086
薬草茶——088　セミ取り——090
ローイ・クラトン——092
【エッセーの背景❺】
子どもの「好きな食べもの」ランキング——094

6〈恋人たちは考える〉……規範と自由のはざま

密林の恋——096　ミドル・エイジ——098
主婦の手際——100　町の女——102
棚田の亭主——104　婿入り婚——106
片想い——108
【エッセーの背景❻】
われらが中年男性は「婚期」をなぜ逃したのか——110

7〈訪問者は体験する〉……山村への加入儀礼

灼熱の里山——112　ER——114
ジャスミン茶——116　精米機——118
かりんとう——120　モスキート・ラケット——122
ヒメカブト——124
【エッセーの背景❼】
山村ならではの「リフレッシュメント」——126

おわりに……冒険の谷——128

謝辞にかえて——132

はじめに

私は、日本国内に本部を置く小さなNGO（非政府組織）の現地担当です。二〇〇八年から現在まで、年に三回ほど北タイの山奥を訪問し、そのつど数週間から数カ月間滞在してきました。一年の大半を過ごすこともあります。北タイとはふつう、タイ国の北部八県を指しますが、本書では特に、ミャンマーと国境を接するチエンマイ県、チエンラーイ県、メーホンソーン県の山岳地域に照準を合わせています。広大な森林に覆われた山々の谷あいなどに、本書の舞台である少数民族の村が点在しています。村の人びとは山の斜面で焼畑等を行ない、自給自足的な生活を営んでいます。

◉

私がふだん寝泊まりしているのは、電気の来ていない、郵便物も届かない、もちろん携帯電話やインターネットも通常使えない集落です。そこで私は、村びとと一緒に食卓を囲み、同じ言語で語らい、暗がりではロウソクを灯し、夜は寝袋にくるまって眠っています。ちなみに少数民族の言語は、タイ語とは異なります。主に取り組んでいるのは、苗木移植や簡易水道建設などの森林緑化・山村支援活動と、伝承歌収集や野鳥観察などの野外調査活動です。たとえば、日の高いうちは野山へ出てツルハシを振るい、その晩にはたき火を囲んでお年寄りの語りに耳を傾けます。土地ならではの感動や気づきの連続で、「毎日が冒険」とも言える日々を過ごしています。

ボランティアを数日間から数週間北タイの山村へ受け入れる手伝いもしています。これまでに現地で寝食を共にしたボランティアの人数は、日本やタイの大学生を中心に、少なくとも四〇〇人に上ります。

ボランティア仲間からしますと、私の日頃の言動は、根っからの東南アジア愛好者のそれに見えるそうです。しかし実際のところ、一昔前まで私は、欧米文化に熱中するあまり、東南アジア文化にほとんど関心がありませんでした。ところが二〇〇六年、私は「転向」しました。学生時代にお世話になった恩師のカバン持ちのような形で出かけた北タイの山奥で、その自然や生活の魅力に、心を奪われたからです。まさに鱗のようなものが目から落ちました。

このとき特に引き込まれたのは、村びとのこんな様子です。村びとは、朗らかに飾らず、それとなく気を配り、村の伝統や慣習を守って民族の矜持を保ち、隣人どうしで助け合って暮らしています。私は、村びとに敬愛の念を抱きました。

◉

八年ほど前、村びとが、私の姉とその息子三人を山村へ迎え入れてくれたことがあります（義兄は仕事のため日本で留守番）。甥三人は当時、小五、小三、幼稚園年長で、彼らにとってはじめての海外ボランティア体験でした。三人は一週間、村の子どもたちと一緒に、朝から晩まで森の中で過ごしました。苗木を植え、鍬仕事もしました。それから、熟れた木の実をもぎ、野鳥や小動物を追いかけ、小川の中を走り、高い木や岩場に取りついて登り、たき火をして玉子やイモを焼いて食べました。

後日甥たちは、さっぱりした表情で言いました。

「無我夢中で駆けまわっていたから、言葉が通じないとか、習慣が違うとか、そういう事に気づかなかった!」。私はそれを聞いたとき、「子どもはそういうものだよね」と少々尊大にうなずきました。しかし次第に、「君らのおじも、それと同じ心境だ!」と思い直しました。

◉

私は、日本へ一時帰国するたびに、北タイ山奥の、自然や生活の魅力について、甥たちと同じような感覚で、周囲に語ってきました。

「転向」から一〇数年がたちますが、その魅力の全体像を描き出すにはいまだ至っていません。しかし近年、「これまでに私の胸を熱くし、あるいは心をとらえた感動や気づきの一部だけでも、多くの方々に紹介することを許していただけたら」という思いが、抑えがたくなりました。

そして今日までにエッセーを五〇本書き、それらを本書にまとめることができました。

一般に紹介されることの少ない「タイ山奥の大自然や土に近い生活」に御関心がおありの方々、昨今の科学技術の発展スピードに対し「期待とともに少々の戸惑い」を覚えていらっしゃる方々、そして今後東南アジア諸国の発展途上地域で「現地に根ざしたボランティア活動や フィールドワーク活動」に関わりたいとお考えの方々にとって、
本書が、少しでもお役に立てる部分を含んでおりましたら、私の望外の喜びです。

［本書内の語句と内容について］

◉山村とふもと町…本書では、山村と、そのふもとにある町が、対比的に描かれています。大まかに整理しますと、両者は次のように説明できます。山村は、少数民族の小集落（数十世帯）で、高地の森林の中に点在しています。そこでは自給自足的な農業が営まれています。他方、ふもと町は、土地の多数民族である北タイ人の大集落（数百世帯）で、平地の河川沿いに開けています。農業だけでなく商業や軽工業も盛んです。山村の多くは、ふもと町から四駆車で片道一時間から数時間のところに位置します。なお、本書の舞台となる山村や、北タイの代表的な都市のおよその位置関係は、008～010ページに掲載のイラスト地図二点を御覧下さい。

◉少数民族と多数民族…北タイの高地に居住する少数民族といえば、たとえばカレン族、モン族、ラフ族、アカ族、ミエン族、リス族が挙げられます。二、三〇戸の小集落の場合、複数以上の民族が居住することは少なく、ふつう一民族によって構成されています。本書の舞台は、カレン族山村が多く、アカ族山村がそれに続きます。またモン族、ラフ族、リス族、その他の山村も含みます。少数民族の人びとはふだん、独自の体系を持つ自分たちの言語を使っています。他方、北タイの平地に居住する多数民族は、タイ系民族の一つであるタイ・ユワン族です。北タイ人とも呼ばれ、自称はコン・ムアンです。タイ中央部に分布する中部タイ人とは異なる独自の文化を持ち、人口は五〇〇万人と言われます。ただし本書では、民族の特性を詳細に記述することよりも、村びとの実際の表情や心境を描写することに、重点を置きました。

◉乾季と雨季…北タイの気候は、雨季（降雨量の多い五月～一〇月）と乾季（降雨量の非常に少ない一一月～四月）に分かれます。乾季の中にはさらに、寒季（気温の低い一二月と一月）と暑季（気温の非常に高い三月と四月）があります。

◉バーツ…タイの貨幣単位です。二〇一九年一二月のレートで日本円に換算すると、一バーツはおよそ三・六円です。たとえば屋台でマンゴーが（キロ当たり）三〇バーツで売られていた場合、その日本円換算額は一〇八円になります。

◉本文中の写真…エッセー一つにつき写真が二枚掲載されています。本書内で合わせて一〇〇枚余りです。ふだん私が現地で持ち歩いているデジタル・カメラで撮影しました。

◉エッセーの書かれた時期と場所…エッセーの第一稿を書きましたのは、二〇一三年から二〇一九年にかけてです。現地山村にて断続的に行ないました。エッセーの中のエピソードは、二〇〇六年から二〇一九年までに、私が現地で体験あるいは見聞した出来事です。

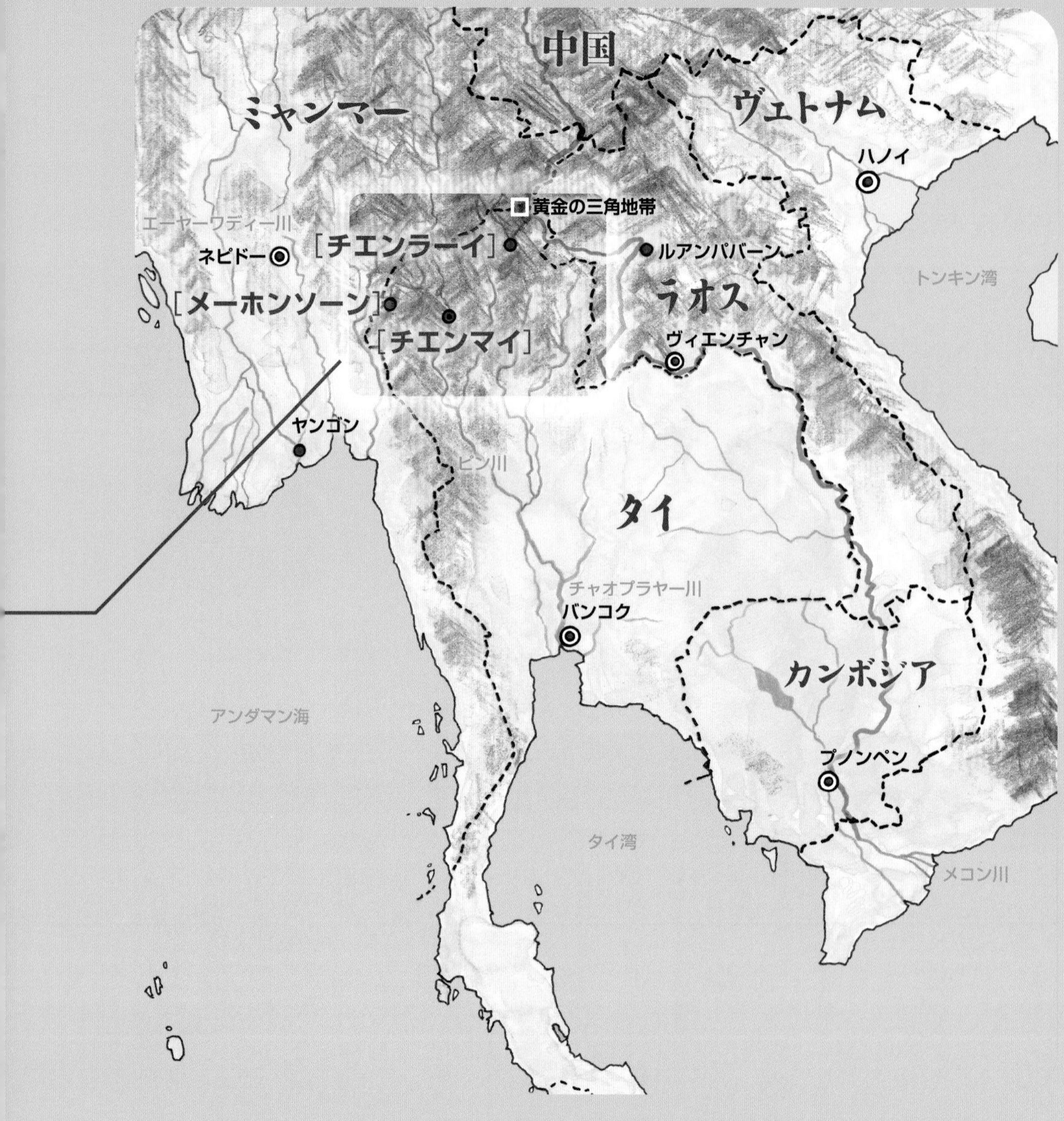

◉上図――本書の舞台「北タイ」は、
ミャンマーおよびラオスと国境を接しています。
その大半が山地です。「北タイ」最大の都市は
チエンマイで、タイの首都バンコクの北およそ
七〇〇キロメートルのところに位置します。
本書の言う「北タイ」は特に、チエンマイ県、
チエンラーイ県、メーホンソーン県を指しています。
三県の県都は、順に、チエンマイ市、
チエンラーイ市、メーホンソーン市です。
三県都間を乗用車で移動する際の所要時間(晴天時)は、
「チエンマイ~チエンラーイ」が三時間、
また「チエンマイ~メーホンソーン」が六時間です。

◉左図――このイラスト地図は、「北タイ」における
三県都と諸山村のおよその位置関係や、
それら周辺の風景を大まかに描いたものです。
エッセー内に登場する少数民族山村は、三県都の
いずれからも、四駆車等を利用した場合で、
一時間から数時間以上離れたところにあります(晴天時)。
辺りは奥深い熱帯林に覆われており、
そこの海抜は一〇〇〇メートル程度です。

◉図作成=久保谷智子

北タイ

[チエンラーイ]
[チエンマイ]

1

〈シンプルに暮らす〉

……衣・食・住の知恵……

就寝用蚊帳テント。村びとが出入りする半公共的なスペースに張ってある。

テントと寝袋

この高床式家屋はどれも、村びとの手で建てられたものだ。資材の多くは、近くの森から人力で伐り出してくる。羽ぶりのいい集落では「良質の木材が好ましい」とされ、質素な集落では「竹材で十分」とされる。屋根はスレートか落葉樹の大葉で葺いてある。

私のプライベート空間は、畳一畳ほどの蚊帳テントだ（↑写真・右）。寄宿する長老宅の、半公共的な大広間の隅に張ってある。この中は、病原体を運ぶ蚊はもちろん、毒グモ、毒アリ、吸血性のアブと無縁だ。防水布を被せれば、冷え込む晩でも外気よりだいぶ温かい。

ちなみに長老一家の生業は、陸稲、水稲、ニンニク、トウモロコシの栽培。ここはおよそ五〇年前に長老の舅（故人）が開いた少数民族山村で、世帯数は三〇戸、人口は一五〇人だ。

テントのすぐ横には、外付け階段へ出る戸口がある。木戸には鉄製の掛け金がついているものの、施錠されることはない。長老はこんな風に考える。ここの住人は血縁者どうしだから盗みは起きない、金目のものがない山奥で仕事をする盗賊など愚鈍に違いない、その手合いがいざやってきたら手もちの猟銃で追い払えばよい。

私には、その道のプロなら、それなりの銃器を備えてくるように思える。そんな臆病な私の、せいぜいの防犯対策は、長さ九〇セン

机の上のロウソク。空き缶を裏返したものを燭台にしている。

チメートルの竹棒を二本、タープ（雨避け）の支柱と称して戸口のそばに立てかけていることだ。

村びとは、夜八時過ぎには寝床につく。私は夜更かしで、九時を回ってから、机に立ててあるロウソクの灯を消し、懐中電灯をつけて足元を照らしながらテントに入る（↓写真・左）。

安物の重たいマットレスの上には、掛け布団代わりの寝袋が広げてある。一二月と一月の寒い晩にだけ、その中にもぐり込んで首もとまでファスナーを上げる。

この辺りの気候区分は、大まかに言うと熱帯モンスーン気候だ。一年のうちに雨季と乾季がある。乾季は一一月から四月までで、そのうち一二月と一月は、「寒季」（寒い季節）とも呼ばれる。アイスクリームの天ぷらみたいに、「熱帯」の衣をかぶった冬がある。

寒季のあいだ、標高一〇〇〇メートルを超える村では、早朝に霜が降りることもある。にもかかわらず昼間は二五度近くまで上がるからか、朝晩の体感温度は、温度計が指す数値より五度は低い。それに家屋は気密性の低い造りなので、室温は外気温とそう変わらない。火鉢の類を室内に置く習慣もここにはない。だから冷え込む晩は、貧乏ゆすりをしながら団らんするより、早寝するに尽きる。

テントの中で目をつぶると、自然や生き物の気配が近づいてくる。――渓流、大風、木の葉、ヨタカ、イヌ、ネコ、ニワトリ、ブタ、ネズミ、コウモリ、カエル、トカゲ、ガ、セミ、クモ、キリギリス。奥行きのある空間へと私は融け込んでいく。そんなふうに眠る。

ミシン職人に繕ってもらったセーター。お気に入りの一着。

セーター

この山村では一二月から二月にかけて、朝晩の気温が摂氏五度まで下がることがある。そんなとき村びとは、古びたオーバーを羽織ったり、安手の毛布にくるまったりして防寒している。私は、厚手のセーターを着込むことが多い。濃紺色と枯草色のボーダー柄で、肩とひじの部分に革の小切れが当ててある。二〇年以上の愛用で色は褪せ、毛糸の繊維はもろくなった。でも着心地がよい。なじみの薄汚れたマットを大事にする飼い犬の気持ちが分かる。

このセーターには、そで口や前腕部分を中心に、二〇カ所ちかくの繕い痕がある(↓写真・右)。虫に食われたり枝木にひっかけたりして開いた穴を、ふもと町のミシン職人に塞いでもらったのだ。職人は、端切れを裏面にあてがい、その上からジグザグ状にミシンをかける。腕前が確かだからか、縫い痕が、今どきのデザインに見えなくもない。料金は、縫合二、三カ所で二〇バーツ。ちなみに職人が駆使する足踏み式ミシンは、町の専門店で六〇〇〇バーツの値札がついている。

もっとも、この村にはミシン職人に繕いを頼んだり、自分で繕ったりする習慣はない。かといって衣類を粗末に扱っている訳ではなく、破れやほつれが進んで用を成さなくなるまで使う。野良着など

軒下に掛かる洗濯物。ここは衣類の保管場所でもある。

は、ズボンの股が裂けても現役だ。

慈善団体から年に数回古着の支給が受けられるここの村びとは、モノにこだわらなければ、相当の枚数を持つことができる。高床式家屋の一階や軒下に渡してある竹竿には、雨季には生乾きの、乾季には干からびた衣類が、何枚も吊ってある(↓写真・左)。

「私が子どもの時分は、ズボン一枚、シャツ一枚で一年を過ごしたものです。洗濯中は素っ裸でしたよ」と、寄宿先の隣に住む三〇代の青年は、ほほ笑む。村びとは、衣類が充分に保管されていると、米、水、薪の備蓄があるのと同様に、落ち着くらしい。

衣類の保管場所は、たいていもう一カ所ある。どこのお宅にもひと棹《さお》は置いてある素朴な収納ダンスだ。高さ一七〇センチ×幅八〇センチ×奥行き四五センチ。ベニヤ板とアルミの枠材で組まれた棚に、透明樹脂をはめ込んだ開き戸がついている。タンスの中は湿気がこもるからカビ臭い。でも砂ぼこりやネズミが避けられるので、よそ行きの衣類や来客用の寝具で、すし詰めになっている。

ときおり私は、衣装持ちの村の子どもたちから、「お金持ちと言われる日本人が、どうしてツギハギの服を着てるの?」と訊かれる。私はそのつど身振りを交えて、こんなホラ話をする。「林道で出くわしたクマに服を引っかかれたので、クマにひじ鉄を食らわし、膝蹴りを見舞い、背負い投げを決めて退治した。その思い出を大事にしたいからだよ」。毎度同じ話なのに、どっと歓声が上がる。

軒下に据えてある踏み臼。使い方を披露する少年。

目覚し時計

長老宅の納屋二階へ寄宿するようになって、三年がすぎたころのことだ。私の毎朝の日課は、米倉の軒下に据えてある踏み臼(↑写真・右)で、もみ米からもみ殻を取り除く作業だった。形のよい粒は食用に、砕けたのはニワトリの餌にする。近所の子どもたちは、私の作業する様子を見にきて、「村のひとみたい！」と、はやした。

とある春の朝、部屋の隅に張ってある蚊帳テントの中で起床すると、乾季特有のキナ臭い空気がこもっている。ここ三カ月間まとまった降雨がなく、集落のまわりでは山火事も絶えない。

朝食のあと、私は、にわかに思い立って、身のまわりの片づけをはじめた。プラスチック製の大型ボックスの中に、書類、衣類、日用品、医薬品、その他が押し込んである(↑写真・左)。

昼の二時、あくびが何度も出るので、テント脇に敷いてあったゴザの上で寝ころんだ。長寝しないよう、整頓中に見つけたアナログ式の目覚し時計に電池を入れ、一時間後に鳴るようセットした。

しばらくして、ふと人の気配がする。長老の孫数人が、横たわる私の顔をのぞきこみ、「具合が悪いの？」と心配そうに訊いた。私は、「元気だよ！」と答えてから、目覚しのアラーム・スイッチを手探りで解除した。一一歳の少年が、「この村では『昼寝している者の鼻には、

齧歯類や昆虫から収納物を守る大型ボックス。

熱湯の入ったやかんの底を近づけよ』って言うんだよ！」と笑った。そして「ひらがなを教えて」と、ノートを差し出した。

その晩、私は八時ごろテントに入り、すぐに熟睡した。

ところが突然、火災報知機だろうか、納屋全体を揺すぶるような警報音が鳴り響き、私は飛び起きた。テントの中が、ふだんより焦げ臭い気がする。「火の手が迫っているのだ！」。私は、あわててテントを抜け出して階段を駆け下り、屋外へ出た。

しかしその直後、警報音の正体に気づいた私は、納屋の二階へ取って返し、テントのそばに転がる目覚し時計をつかみ取り、ベル音を止めた。前日夕方までかかった部屋の片づけ中に、アラーム・スイッチを再びセットしてしまったらしい。

翌朝、離れの炉端で長老と粥料理を食べているときに、私は、前夜の騒動を詫びた。長老は、「たいしたことないよ。村びとがびっくりするのは、猟銃の暴発や裏山の地すべりくらいだよ」と言った。

そこへ、昨日の少年とその妹が入ってきて、夜中の騒音を話題にした。私は、説明して謝った。妹は、「ホントに？」と目を見開き、「電気も電話も来てない木造のあばら家に、火災報知機がついてると思ったの？」と、兄と顔を見合わせてから、吹き出した。

みなで大笑いになった。私のあわて者ぶりが村じゅうに知れわたったからか、この日以降しばらく、朝方踏み臼で作業している私に、「村のひとみたい！」の声はかからなかった。

定番メニュー①
粥料理。白色の小片は、ヤシ科高木の根元部分。

山の恵み

一時帰国中に友人から「タイの山奥ではちゃんと栄養がとれているのか？」と訊かれることがある。そんなとき私は「もちろん、大船に乗っているようなものだよ！」とこたえる。友人は「大船？」と、たとえがよく分からないという顔をする。

栄養といえば、三〇数年前、小中学校の給食の時間だったか、「炭水化物、タンパク質、脂質、無機質、ビタミンを、バランスよく摂りましょう」と尻をたたかれたおぼえがある。そのころから私は、栄養のバランスについて、人並みに気を使ってきたと思う。

給食の時間の指導はさておき、ここでは、寄宿する長老宅の食卓について、その「栄養のバランス」を中心に少々考えてみたい。

献立はふつう一汁一菜で、主食は炊いた白米だ。長粒で粘り気の少ないインディカ米（いわゆるタイ米）ではなく、短粒で粘り気のあるジャポニカ米。副食は、たとえば、野山（焼畑を含む）でとれた野菜類や鳥獣の肉を調理したものだ。ちなみに集落内で飼育のニワトリやブタの肉を食べるのは、特別な日に限られる。

興味深いのは、同じ種類の食材が、場合によっては何日間も連続して食卓に上がることだ。しかもこの献立について栄養バランスの偏りを指摘する者はいない。理由はこうだ。町まで遠く電気も満足

定番メニュー②
トウガラシのきいた野菜炒めと白米。

に使えない山奥では、食料品の購入や保存がむずかしい。この状況を打開しているのが、山の産物だ。山からの恵みは、季節に応じて、数食分あるいは数日分まとまってもたらされることが少なくない。

春先のタケノコ。集落周辺の熱帯林に何種類も生えており、それぞれの食べごろはうまくズレている。村びとはその辺りのことをよく知っている。あく抜きをしなくても苦味はなく、そのまま茹でたり炒めたりしてからいただく。病みつきになる甘さ、舌ざわり、歯ごたえだ。胃袋がタケノコで満杯になる日が、しばらく続く。

そして秋ごろの栗やシイの実。林道沿いに落ちているのをバケツ一杯拾ってくる。軽く水洗いしてから中華鍋で熱する。果皮に割れ目が入ったら炉からはずし、冷めないうちに皮をむいて口に放りこむ。噛みしめるとザラメを焦がしたような匂いがあとを引く。その日は、木の実が主食のようだ。

ほかにもたくさんある。焼畑のトウモロコシやタロイモ、バナナ、マイタケ、山菜、谷川の小魚、カブトムシやセミ(いずれも昆虫食)、蜂蜜、猟期のシカやイノシシ。

こんな風に村びとは、習慣的に、熱帯林でとれる旬のものを食べている。彼らは、人間がことさら意識しなくても、栄養のバランスが一年単位で保たれることを、経験的に知っているのかもしれない。「大船に乗っている」とは、栄養については、周囲の山々に頼りきって安心しているということなのだ。

焼畑の作業小屋。炎天下でも小屋内は涼しく、昼寝にはおあつらえむきの場所。

即席麺

七月、雑草取りを手伝いに焼畑へ行くと、美味しい昼食にあずかれる。畑中央の急斜面に立つ作業小屋で、車座になって食べる(→写真・左)。

小屋の造りは簡素で、骨組みと床が竹材、壁と屋根がシュロ葉。その中は、休憩したり荷物を置いたりする高床部分と、煮炊きを行なう土間部分に分かれる。土間の炉は、正三角形をかたどった置き石が三つ。床下には、薪にする太い丸木が数本寝かせてある。

軒の先端には、竹を縦割りにした樋がついており、そこを通る雨水を溜める大型のポリタンク二基が軒下に置いてある。水を汲みに沢まで下りるのは手間だから、調理のときはこの溜め水を使う。

壁のない南側からは、焼畑がよく見下せる。大人の胸まで伸びた黄緑色の稲穂が、斜面一帯で波打つ。地形の関係か、焼畑の低い部分までは目が届かない。はるか遠方に山々の稜線が望める。その上部には、今にも降りだしそうな灰色の雲が垂れ込めている。

一一時、畑に出ていた長老の甥たちと私の五人が小屋に戻り、肩かけかばんから野菜を取り出した。陸稲のあいだで栽培されているのを、草取り中に採ったものだ。ウリ、ミニトマト、丸ナス、香草(→写真・左)。重たいトウガンやカボチャは、調理前に取りに行く。

肩かけかばんから取り出された野菜。そのときに採れたものが、即席麺の具材となる。

溜め水を張った鉄鍋を炉にかけ、湯が沸騰したら、その中に野菜を入れる。大型のウリ類はぶつ切りにし、他は丸ごと用いる。火が通ったら竹の器に取る。ついで即席麺の小袋を三つやぶり、野菜を茹でた熱湯の中に、麺や粉スープを入れ、あぶったトウガラシやニンニクも加える。煮立ったら、やはり竹の器に移す。器の長さは四〇センチほどで、幅と深さは一〇〜一五センチ。金属製のレンゲや、手作りの竹箸でいただく。

ピンポン玉大の丸ナスは、硬めの桃のような食感。丸ナスと香草を、即席麺の激辛スープと一緒にいただくと、甘みがきわだつ。これが、今ハマっている「茹で野菜&ラーメン」だ。これをおかずにして、大汗をかきながら白飯を頬張る。

ここの焼畑では、化学肥料、殺虫剤、除草剤が使われていない。火入れ後の煤を肥料とするほかは、自然にまかせる。それと関係があるのだろうか、野菜のニガ味、シブ味、エグ味までおいしい。

食後には「青竹茶」を飲む。伐り出した青竹（長さ一メートル）の節に穴を開け、水を注ぐ。たき火のそばに添木を打ち込み、水入りの青竹を立てかけ直火にかける。沸騰した湯で煎れた茶は甘い。

竹の器を片づけたら、その場で三〇分くらい横になる。大地の滋味がお腹の中へ浸みていく。竹材の敷かれた床のすき間から風が吹き上がってくる。ハリナシミツバチが私の顔や手の汗をなめにくる。それをときおり手で払いながら、私は、深い寝息を吐く。

大型のヤカン(中央)。手前の缶には茶葉が、白っぽい容器には塩が入っている。

竹の椀

寄宿する長老宅では、専用のマグカップを重宝している。高床式家屋二階の大部屋には、七、八個の湯のみが備えつけてある。ここでは村内各戸の大部屋が半公共的な空間と見なされていて、村びとや村外からの訪問客が、入れかわり立ちかわり上がってくる。茶でも酒でも、湯のみはセルフ・サービスで使ってよい。

しかし私がそれを使わないのは、念には念を入れて、のみ口を介した感染症を予防するためだ。だから備えつけの湯のみでお茶が出されたときは、申し訳なくも、適当な理由をつけて遠慮している。

村で見かける湯のみは、ほとんどが竹の椀だ。ふつう家主が山刀一本で手作りする。直径七、八センチ、高さ八センチ。まれにショット・グラス大のもあれば、小型の桶くらいのもある。近くの雑木林から、生長後三年以上たった硬めの竹を伐り出す。長さ三、四メートル。それから節が椀の底にくるように見当をつけて、竹を切り分ける。加工前の竹筒が一〇数個取れる。カビの生えやすい表皮は削り落とし、のみ口の角を取ったら仕上がりだ。

ここの村びとは食後などに、発酵茶(一般的な紅茶より味や香りが淡い)を飲む習慣がある。アルミの炒り鍋を炉にかけて、茶葉を一つまみその上に置く。茶葉は竹ベラでときどき返す。香ばしい匂いが立ち

4、5年使用した竹の椀の内側は、漆の黒塗りのような味わいがある。

上ったら、鍋を炉からおろす。容量二リットルの空のヤカンに今しがた煎った茶葉を入れ、また別の大型のヤカンで沸かした熱湯を注いで五分待つ(↓写真・右)。その間に椀の支度をする。

備えつけの椀を人数分並べ、ヤカンの茶を少量使って、人数分の椀の内部をゆすぐ。ゆすぎに使った少量の茶は、床板のすき間から地面に捨てる。それから人数分の椀に茶を注ぐ。塩を少々加えて飲むのが土地では一般的だ。使い終わった椀は、各自が水気を軽く払い、元あった場所に伏せる。使用後の椀をその都度水流で洗う習慣はない。こうやって使われるから、椀の内側が茶渋でくすんでいく。

竹の椀の寿命はふつう一、二年だ。乾季に竹の繊維が縮んで割け目ができたり、雨季にカビに覆われたりして劣化するからだ。しかし中には四、五年の使用に耐えるのもある。そんな椀の内側といったら、漆の黒塗りのような味わいがある(↓写真・左)。

一時帰国中のとある晩、私は実家で茶を入れて父と母に出したことがあった。団らんが終わると父が、使い終わった茶碗を流し台で洗った。実家ではそれがふつうの習慣とはいえ、「一回使ったくらいで、茶碗を洗う必要があるのかな?」と、私は少々しっくりこなかった。

村で私が愛用する専用カップの内側も、茶渋のせいで鉄が錆びたような色をしている。洗い場に持っていくのは、ネズミやゴキブリに飛び込まれたときくらいだ。今のところ、「錆色カップの使用に、健康上の大きな支障はないだろう」と私は思っている。

たき火の間の雨どいから室内をのぞく、長老宅の飼いネコ。

炉端のネコ

雨季なかばの八月、村はずれに野生のトラが出て、家畜の牛を襲ったことがあった。私が寄宿するお宅の長老は、「めったにないことだから、心配することないよ」と言って笑った。ちなみに長老宅は高床式の三棟からなり、私が間借りしている大部屋を含む母屋、いろりの切ってある煮炊き小屋、そして米倉がある。

トラはともかく、村の男たちは、野良仕事のあいまなどに、森の中で縄猟や銃猟を行なう。イノシシやシカはもちろん、オオタカ、フクロウ、ヤケイ(ニワトリの原種)、ハト、ヤマネコ、モモンガ、モグラ、リス、ノネズミも、昔ながらのタンパク源だ。

ところでこの辺りは、狂犬病の根絶されていない地域なのだと言う。地元の医師が言うには、「狂犬病ウイルスは感染した哺乳類の唾液にも含まれる。これが傷口などから人体に侵入して発病すれば、命はない」。ここは、設備の整った病院まで遠く、また村外に助けを求めようにも携帯電話サービスの圏外だ。だから私は、狂犬病の予防接種を欠かさないし、哺乳類には念のため触れないように注意している。ところがやっかいなのが身近にいた。

長老宅の黒ネコだ(↓写真・右)。細身の二歳半で、ネズミ捕りがうまい。ネコは、私や長老らの食事どきになると皿にすり寄ったりお椀の中

煮炊き小屋の炉端。朝晩ここで煮炊きが行なわれている。

をのぞきこんだりする。でも長老らはとがめ立てするでもない。村には、「目に見えぬウイルスなど気迫でしりぞける」という文化があるからだ。でも村育ちじゃない私はそうもいかない。ネコが食器に近づいてきたら、心ならずも冷たくあしらっている。

ある朝、大部屋にネコが入ってきて、私が手にしていた湯のみに頬ずりした。私がほうきを手にとると、ネコは、大部屋と短い廊下でつながっている煮炊き小屋の方へ、とんで逃げた(↓写真・左)。

ほどなくネコは戻ってきた。そして皿に盛られた虎屋のようかんに鼻先を近づけた。日本の篤志家が持たせてくれたものだ。「ちょっと懲らしめよう」とほうきを再び振りかざした私は、煮炊き小屋の入り口までネコを追い、そこから煤けた炉端の様子をうかがった。

調理台や冷蔵庫がここにはないから、食材が床の上に広げてある。ひと抱えある竹かごの中に、焼畑でとれた白ナス、マクワウリ、カボチャ、サトイモの葉柄。平たいざるの上に、足踏み式の臼で搗《つ》いた白米。大判のアルミ盆には、トウガラシ、ニンニク、コブミカン(ライムの一種)の実や葉、着火用の松の割り木。

竹かごの陰に目をやると、朝食を調理するときに使われた、まな板が出ていた。ジャックフルーツ(クワ科の常緑樹)の丸木を輪切りにしたものだ。ネコはその上に、どっしりと座っていた。

他人事のように私は笑ってしまった。そして肩の力が抜けたからか、「然るべき対策とみなぎる気迫をもってすれば、ここの長老宅の衛生観念に、それなりに適応できそうだ」と私は思った。

【エッセーの背景❶】

北タイ山村とはどういうところか

◉エッセーの舞台は、少数民族が暮らす山村です。ここでは、本書の舞台となった一〇数カ所の山村について説明します。なお、少数民族の諸集団については、「エッセーの背景❹」をご覧下さい。

㈠地理・気候・季節…タイ北部のチエンマイ県、チエンラーイ県、メーホンソーン県の山岳地域に立地します。この地域は一般に、一年のうちに雨季と乾季がある亜熱帯の気候に属します。もっとも、海抜の高い山村では、冬場に霜が降りることもあります。

㈡人口規模・生活基盤・公共サービス…集落一カ所当たりの人口は一〇〇〜一五〇人、世帯数は二〇〜三〇戸です。小型の太陽光発電パネルが世帯毎に備えられ、また村びと手作りの水道が各戸まで引かれています。幼児教育や初等教育を施す小規模校や、初期診療や予防接種が受けられる保健所が置かれているところもあります。

㈢衣食住…既婚女性の多くはふだんから民族独特の衣装を身につけています。主食は米で、料理の定番は、野菜炒め、野菜スープ、肉の素揚げ、炒り卵、イワシのトマト煮缶、粥料理です。調味料は、トウガラシとナムプラーが重要です。なお生肉食や昆虫食の文化を継承している村もあります。住居一カ所はふつう三つの棟(高床式家屋、煮炊き小屋、米倉)から成ります。主な建材は竹や木で、屋根はスレートか落葉樹の大葉で葺かれています。

㈣社会制度・宗教…およそ週に一度の頻度で、長老の取り仕切る集会が開かれます。意思決定はおよそ民主的に行なわれますが、ときに地縁や血縁が結果に色濃く反映されます。山村で伝統的な信仰対象と言えば、自然界に宿る精霊です。その後、次の二つが入ってきました。二〇〇年ほど前に欧米の宣教師から伝えられたキリスト教(主にプロテスタント)と、タイ国民の九割以上が帰依するという仏教(上座部)です。山村ではキリスト教徒の数が優勢に見えます。

㈤生業・家計…陸稲、水稲、トウモロコシ、ニンニク、コーヒー、野菜の栽培が盛んです。農閑期には、ふもと町の工事現場や小店へ出て、単純労働に従事する村びともいます。世帯当たりの平均的な現金収入は、年五万〜一〇万バーツでしょうか。長老によれば、これが低水準とは必ずしも言えません。自給自足的な山村では、食糧費や住居費が、ふもと町に比べて抑えられるためです。

2

〈森を大事にする〉

……環境と伝統の継承……

小鳥とリス

インドシナ半島は渡り鳥の通り道だという。たとえば雨季を迎えるころには、ふだん見かけない種類の野鳥が、ここの山村にも立ち寄っていく。特に朝方、狭い谷の懐に立つ高床式家屋は、洞穴の中にでもいるかのような、奥行きのあるさえずりに包まれる。

とある初夏の朝。二階の窓からよく見える高木の横枝で、もえぎ色の小鳥が二〇羽くらいだろうか、何やら騒がしい。一匹のリスが駆けまわり、小鳥たちの羽休めを妨げているようだ。

「手頃な棒切れでも投げて、小鳥に加勢したものか」と、私は身を乗り出して、谷側の地面を見回した。すると棒切れはさておき、一羽の小鳥が、仰向けで息絶えていた。頭は黒くお腹は赤い。

この家屋の窓枠には、村では珍しくガラス戸が取り付けてあり、日中、向かいの木立がそこに映る。すると野鳥は、そこを通り抜けられると見誤って進入し、衝突死するのだ。村びとはそれを串焼きにして食べるから、必ずしも迷惑というわけではない。でも私にしてみたら、ぐったりした野鳥を折りにふれて見るのはつらい。

ここは「野鳥と人間が隣り合わせだ」とよく感じる（↓写真・右／左）。ペット・ショップのケージから逃げ出してきたようなカラフルな鳥が、竹垣の上から村びとを眺めていたりする。ニワトリを襲ったか

庭先のマメ科の若木にとまる野鳥。

どで撃たれたオオタカの肉が、食膳に上ることもあると言う。

その夏にはこんな邂逅もあった。私を乗せたピックアップ・トラックが、トウモロコシ畑のあいだを走っていたときだ。私は鼻唄を歌いながら、荷台前方の鳥居（積荷等を固定するための鉄製の横木）につかまって立っていた。するとラグビー・ボール大の物体が、私の鼻先を横切った。私は遅れ気味にかがんだ。物体のゆくえを目で追うと、滑空する野鶏《やけい》（ニワトリの原種）のメスだった。

同じ山道では、ニアミスで済まなかったこともある。夜、私の座るピックアップの助手席から、ガードレールのビーム（梁）にとまっているずんぐりした影が見えた。次の瞬間、それは前輪のホイールにぶつかってきて、そのまま暗闇の奥へ弾かれてしまった。車のヘッドライトに目がくらんだフクロウらしかった。

野鳥以外では、リスやネズミが山道を横切るのをよく見かける。ヘビが渡っていることもあり、そのときは直ちに窓を閉める。ヘビが何かの拍子で、運転席の窓から車内へ入り込むことがあるからだ。

さて赤黒二色の小鳥を近所のお年寄りに届けたあとで、もえぎ色の小鳥の群れを探すと、樹上はまだ賑やかだった。ただし状況はあべこべで、小鳥たちが、リスの頭を小突いているのだった。

リスは、挟み撃ちからやっと逃れると枝先まで一息に駆け上がり、そこから隣の枝へまた隣の枝へと跳び移っていった。


村びとが行き来する山道のすぐ脇で羽を休める野鳥。

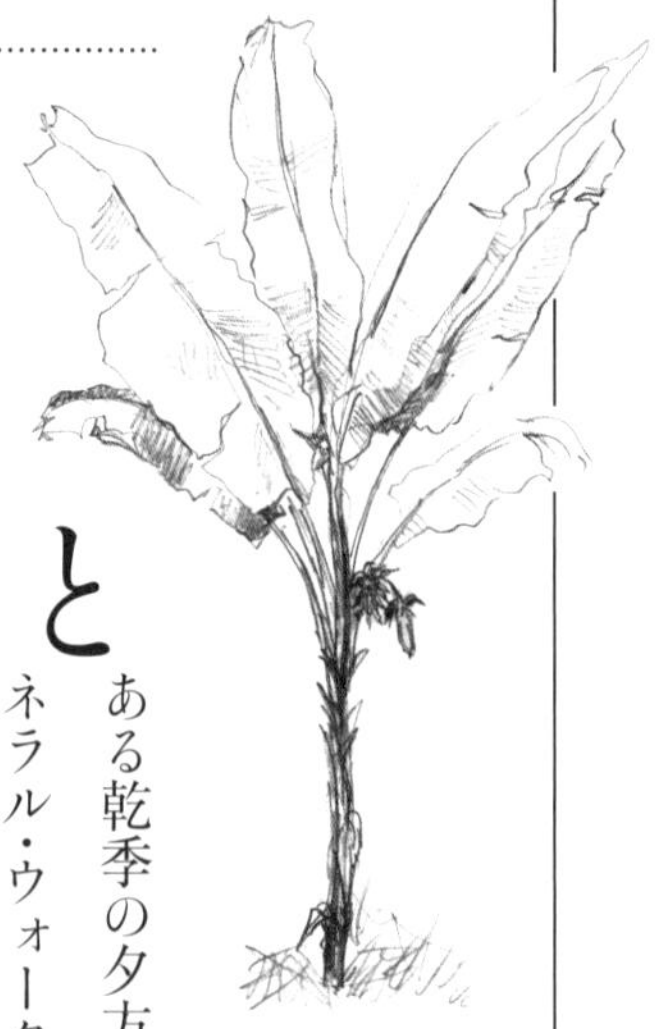

山火

とある乾季の夕方、トイレット・ペーパーやミネラル・ウォーターをふもとの町で調達してから、滞在先の山村へ向かった。ちなみにそこの村境の一部は、ミャンマーと接している。

寄宿先の主人Sさんが運転する旧式のピックアップは、土道の凸凹をまともに受けながら進む。エアコンは壊れているので、窓は全開。急坂でタイヤが空転すると、排ガスが目にしみた。

山の木々がすっかり落葉したこの時季、土道の表面は砂地のところが多い。道端の草木は、タイヤに巻き上げられた灰褐色の粉末をかぶっている。私はSさんに紙マスクを差し出した。でもSさんは「慣れているからね」と受け取らなかった。私は二枚重ねてつけた。

二時間くらい土道を登ったところで、辺りはすっかり暮れた。

峠を越えると、目の前の山腹に火の帯が現われた。村びとが「ある意味で土地の風物詩」と呼ぶ山火だ。その火元は、たき火、煙草、野焼きの不始末だという。村びとが山中に設けた数キロメートル程度の防火帯（一定幅の小道）では、とても太刀打ちできない。

Sさんは、山火について、「森林破壊とは必ずしも言い切れないと思うんだ。森の病害虫や雑草の勢いを抑えてくれるから」と言っ

集落への延焼を防ぐため、水の入ったポリタンクを背負って消火活動に当たる村びと。

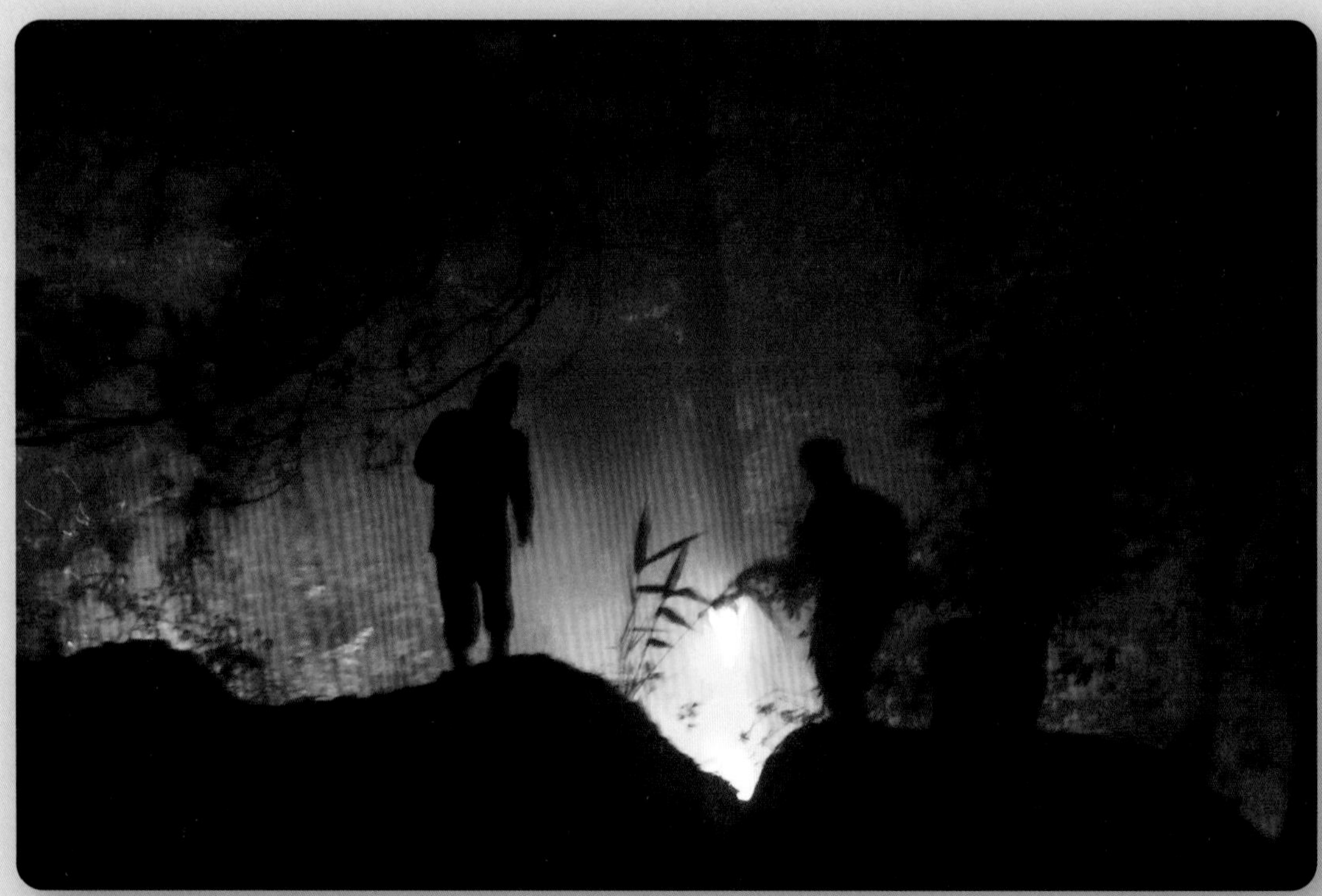

た。そして続ける。「火の帯の主な燃料は地面の落ち葉で、火の手に巻き込まれるのはせいぜい細木か低木。ひと抱えある立ち木ならふつう、根元の樹皮を焦がすくらいでやりすごせるんだよ」。

近年当局は山焼きを規制し、呼吸器系疾患などを引き起こす煤煙の抑制を、地元住民に指導している。しかし広範な区域に対処できる消火設備やそのための人員が十分とは言えないようだ(↓写真・右)。

しばらくして、車は、路肩の燃えあがる直線に出た(↓写真・左)。Sさんは淡々とやり過ごした。助手席にいる私のまつ毛がこげた。

車はやっと谷あいの集落に入り、Sさん宅の敷地に入って停まった。母屋から離れたところに、廃材で組まれた木造二階建ての納屋がある。私はそこの二階部分を間借りしている。荷台に積んであった日用品をSさんとかついで、納屋の二階に上がった。

キナ臭い空気が部屋にこもっていたので、換気をしようと東側の木戸を押し開けた。すると向かいの山から火の帯が迫っているのが見えた。そして温風と燃え殻が吹きこんできた。Sさんは「山すそに小川が流れているから、ここは大丈夫だよ」と笑った。懐中電灯で川沿いの藪を照らすと、土地のホタルが強気な閃光で応じた。

Sさんは、眠たくなったと言って母屋へ帰った。私は気休めに木戸を閉じ、紙マスクを新品と取りかえた。そしてマスクの上にタオルをあてがい、その端を首の後ろで結んでから、寝袋にもぐった。

竹の稈《かん》(中空の部分)が熱で破裂する音が、ときおり山から轟く。「風向きによっては、朝までに窒息するんじゃないか」と思った。

寄宿先近くの林道脇。火の帯は数週間かけて、村内森林の大半をめぐる。

生け贄

興味深い食育の試みが、日本の一部の小学校で行なわれている。子どもたちと先生方が、保護者や地域住民とともに家畜を飼育し、その肉を調理して食べるのだという。この体験を通して子どもたちは、食物連鎖や生態系について学ぶのだろうと思う。

私の出入りする少数民族山村でも、子どもたちが「自然との一体感」を肌で感じるときに、やはり家畜が関わっていることがある。

敬虔な精霊信仰の村では、家畜を飼育する目的が、肉や卵の採取ではなく、儀礼で使う生け贄の安定的な供給にあるという。なるほど、ここでは改良種のニワトリやブタをほとんど見かけない。「在来種だけが生け贄の役目を果たせる」と考えられているからだ。

この慣習について、私は、ある二〇戸の集落で聞いて回ったことがある。すると「一年間につぶされたニワトリ五〇〇羽のうち、八割が生け贄」との結果が得られた。長老は、「家畜を飼育し、つぶし、食べることは、大人はもちろん子どもにも特別ではないよ」と語った。

生け贄のニワトリをつぶすのは、儀礼を取り仕切る長老であることが多い（↓写真・右）。生き血が儀礼で使われるときは、山刀でのどもとを切る。そうでないときはタンパク源である血が流出するのを

祭祀儀礼用の祭壇に吊るされた２羽のニワトリ。

嫌って、頸をひねる。そして羽をむしってから表皮をたき火で焼き焦がし、残った毛くずは竹ベラでこそげとる。頸を落とし生き血を椀に取ったあと、腹を裂いて内臓を取り出し、腸管内の残滓《ざんし》は捨てる。それから大鍋で沸かした湯の中に頭、頸以下、内臓の大半、生き血を入れ、これに青菜、トウガラシ、ニンニク、レモングラス、ナムプラー、食塩、ペースト状にした肝を加えて煮る。

他方、生け贄のブタをつぶす役目は、体力のある若い男たちだ（↓写真・左）。太い立ち木の根元に荒縄でブタをつなぎ、その額めがけて木の棍棒を振り下ろす。体重二〇〇キロの大物だとこと切れるまでに一〇分はかかる。ブタの悲鳴を聞くと、近所の子どもも加勢にくる。瀕死のブタの喉元を足で踏んで、とどめを刺しにかかる少年もいる。息絶えたブタには熱湯をかけ山刀の背で表皮をむいてから、手頃な大きさに切り分ける。一部の肉は、血と和えてミンチにされ、フレーク状の乾燥トウガラシをまぶしてから生食される。

ブタは正月や婚礼などの大がかりな儀礼で用いられるのに対し、ニワトリは規模の大小を問わず様々な儀礼で使われる。

たとえば焼畑での儀礼では、調理されたニワトリの一部が、作業小屋内の吊り棚に供えられ、残りは村びとの食膳に上がる。精霊と村びとによる「共食《きょうしょく》」だ。長老は語る。「共食のとき、子どもは自然との一体感を強く意識する。そんな子どもは大人になっても自然を大事にし、またそれを次の世代へ引きついでくれるだろう」。

ピックアップの荷台に載せられた、小ぶりのブタ。

林道の復旧

この山村の林道整備事業には、二つの財源がある。一つは、ふもと町の役場から二年に一度くらい下りてくる交付金で、重機も投入する大がかりなコンクリート舗装工事に充てられる。もう一つは、村の自治会が管理する現金で、鍬で足りる簡単な路面補修に使われる。

公道と集落をつなぐ五キロの林道は、谷筋に沿って走る。その山側は、重機や鍬で削られた高さ三メートルの急斜面(↓写真・右)。谷側もまた、鋭く落ち込んでいる傾斜だ。落石の多いところで山側の斜面を見上げると、マツの高木がその太い根をさらして傾《かし》いでいる。

とある雨季の、嵐の去った朝のことだ。「林道に倒木」の一報を受けた村の男たちが、手の空いている者から、鋸や大鉈を担いでバイクにまたがり、現場へ向かった。骨の折れる作業になるはずなのに、「待ってました!」という頼もしい表情だった。

巨木が、周囲の若木を巻き添えにした状態で、林道をふさいでいた(↓写真・左)。男たちが、それらを切り分け、谷底へ落とした。

鋸は二人挽きだ。刃は、長さ一・五メートル、幅一五センチ。両端に短い竹の柄がついている。作業者二人は、倒木をはさんで相対し、息を合わせて切る。日本では見慣れない押し切り型だ。

林道の山側。斜面の上部では樹木が道側に傾いでいることがある。

七、八台のバイクが復旧現場に集まったころ、そのうちの一台が現場を離れ、隣村の食料雑貨販売所まで、お約束の代物を調達しに行った。米由来の焼酎で、アルコール度数三五度。むせるような匂いがある。六〇〇ミリリットル入りの酒ビン一本が七〇バーツ。ビールの大ビン一本分の値段で、五、六人がしっかり酔える。

バイクは小一時間で戻った。それと前後して、間に合わせの盃が用意された。ペットボトルの容器が身近にあれば、キャップの根元から下五センチのところを山刀で水平方向に切る。この日は、すぐ近くの竹林から細い竹を伐ってきて加工した。

復旧のめどが立ち、手すきの村びとが出てきたあたりで、誰となく決まった酒席の親が、作業終了を待たずに酒ビンの蓋を引き抜いた。盃は一つ。親は少量の酒を盃に注ぎ、居合わせた面々に一人ずつ手渡していく。盃がいよいよ自分に差し出されても、がっついてはならない。一呼吸置いてから、さりげなくあおるのが作法だ。

林道の路肩に横たわる細い丸木を見ると、その端の切断面から滴が垂れていた。根の吸い上げた水分の通り道が断たれたのだろう。大口をあけて味をみた若者は、舌を出して渋面をつくった。三杯目の盃をちょうど受け取った私は、酒を滴で割り、「樹木のカクテル」と名づけてから飲み干した。のどを突き刺すエグ味だった。

林道は二時間で復旧。男たちははや赤ら顔だ。この日の作業にかかった費用は、一四〇バーツ(焼酎二本分)足らずだった。

巨木が林道をふさぐ様子。暴風雨や山火事のあとに倒木が増える。

天気雨

焼畑で野良仕事をした帰りだ。私は、村の子ども二人と、集落へ向かう林道を下っていた(↓写真・右)。みな野良着姿で、Tシャツの上に長袖の綿シャツを羽織り、ジャージーのズボンをはいている。

小四の姉Uは、サトイモの葉でいっぱいの竹かごを背負っている。小一の弟Nは手ぶらだった。サトイモは、芋のほかに、一メートル近くある葉柄も食用で、葉はブタの飼料になる(↓写真・左)。

集落まであと二〇分の地点で、突如、頭上からくぐもった雷鳴がし、それまで西日の射していた林道が薄闇に包まれた。不気味な大風が、カシ、シイ、マツ、ソテツの密生する森を揺すぶる。

Uは、竹かごを背負い直してから「大雨が来ます！」と声を張りあげた。すかさずNも「雨だぁ！」と叫んだ。すぐ後ろの山を見上げると、激しい雨脚が、その斜面の上の方までもう迫っている。

私たちは一斉に駆けだした。スコールに打たれたくないからというより、追われるとつい逃げたくなる衝動に近い。

大粒の雨が道脇の葉っぱを叩き、まもなく雨に追いつかれた。私たちは観念して歩調を並足に戻し、流行のルークトゥン(演歌風の歌謡曲)を唄いながら、サトイモの葉を傘のように差して歩いた。

集落と焼畑を結ぶ林道。標高はおよそ1000メートル。

傾斜地に一五戸が立つ集落まで戻ると、その中心部を走るセメント道は、雨水を集めて濁流と化していた。最寄りの高床式家屋へ駆け込んで、外付け階段の踊り場から、霞がかった家並みを眺める。どの屋根にも雨どいはないから、軒先から落ちる雨水が滝のようだ。

息を飲んだのはそれからだ。豪雨とその轟音はおさまらぬまま、空が晴れわたり、目のくらむ光が照りつけた。雨粒が空気中で乱反射し、庭木や生垣はサンゴの群体のよう。私が「うわぁ、天気雨だ！」と叫ぶと、「それがどうしたの？」と、NとUは顔を見合わせた。

複雑なカラクリではないだろう。スコールを引き起こす積乱雲の破片が、集落を囲む山々の後ろに隠れているのだと思う。でも温帯気候の空模様に慣れている私には、これが奇跡的な光景に見えた。

しばらくして雨は上がり、強烈な光を放つ晴天だけが残った。私は、子どもたちと別れ、寄宿する長老宅へ戻った。そして石鹸を持って水場へ行き、野良着を洗濯しながら冷水シャワーを浴びた。

その後集落の表面は一気に乾燥し、竹竿に干した野良着が一時間足らずで乾いた。長老と私がセメント道へ出て、濁流が残した砂利や枝木を竹ぼうきで掃いてしまうと、大雨の痕跡はすっかり消えた。

そこへ一台のピックアップが、ふもと町への買い出しから戻り、長老宅前で停車。運転手は、UとNの父親だ。サトイモの傘を差したUが、フロント・ドアの前で父親を出迎え、「父さん、さっき天気雨だったよ！」と報告した。父親は「そうか」とだけ言った。

サトイモの葉と葉柄(茎のように見える部分)。芋と葉柄が食用。

盗伐

バイクの排気音で飛び起きた。蚊帳テントの中で横たわっていたときだ。ヘッド・ランプを装着し、枕元の腕時計を照らすと、二三時。ちなみにテントは、長老宅の広間の片隅に張ってある。外の様子に注意すると、五、六台のバイクが、長老宅の別棟に横づけされた。渡り廊下で広間とつながる煮炊き小屋だ。バイクから降りた男たちは、その外付け階段を足早に上がっていく。

何事だろうか。私は、テントから出て、Tシャツの上から長袖シャツをかぶり、短パンを脱いで長ズボンに履きかえた。

長老の甥に当たる若者Bが、煮炊き小屋から広間へ移ってきて、「村境の峠近くでチェーン・ソーの音がする。盗伐だよ」と言った。

この地域の熱帯林では、降雨のほとんどない一二月から翌四月にかけて、住民による夜間監視が行なわれている。この村では毎晩、独身男性四、五人が、高台の掘っ建て小屋で当直する。監視の対象は、山火事、密猟、山菜泥棒、そして盗伐だ(↓写真・右)。

当番だったBらは、ふもと町の国有林当局へ通報したあと、この種の案件を取り仕切る、村の長老のもとへ馳せ参じたという。

一〇分後には、村の男たち四〇名が、長老宅前の広場に集まった。頭に血が上っている者はおらず、淡々とした表情が並ぶ。

木の実を短時間で採るため、何者かが手斧で伐採した木の幹。

ライフル銃を担いだ四五歳の村長が、現場の地形をおさらいしてから、二方向から挟み撃ちにする作戦を、低い声で説明した。現場の西側は鋭い傾斜のため近づきがたい。そこで北班一〇名、南班一〇名、そして東側の峠周辺に本隊二〇名が配された。Bと私は本隊に入った。まず二つの班が、バイクに分乗して現場へ向かう。

村長ら本隊が分乗したピックアップ二台は、林道を三キロ走ったあとヘッド・ライトを消して徐行し、村境の峠で停車した。暗闇の底から不穏な人工音が聞こえる。本隊は峠一帯を封鎖した。

三〇分後、迷彩服を着た若者Wが、ピックアップの後ろへまわり、古めかしい拳銃を地面へ向けて、一発発射した。甲高い音が私の腹の芯まで響く。ほぼ同時に、北班と南班からも銃声が上がった。突入開始だ。Wは、二年半の兵役を前月に満了したばかりだった。

――二時間後、二つの班が峠の本隊に合流し、チェーン・ソー二台を持ち帰った。そこへ武装した森林保護官六名を乗せたピックアップが到着。村長が一部始終を報告した。犯人らは逃走したという。

翌朝、村びとの集まった長老宅前で、若者Wが、没収したチェーン・ソーにガソリンをかけて焼却した(→写真・左)。これを売り払おうという発想は、長老らになかった。私は、件《くだん》の拳銃についてWに訊いた。なんでも一九七〇年代にカンボジアで使われた代物だという。Wは「実戦はもうムリだけど、号砲にはなったよね」と言って笑った。

「盗伐は許さない」という姿勢を村びとどうしで確認すべく、焼却処分されるチェーン・ソー。

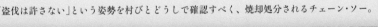

野鶏

ここはニワトリの原種「野鶏」の生息地だ(↓写真・右)。羽毛の色は全体的にオスが黒色、メスが暗褐色。その姿形は、田舎の庭先で放し飼いにされている地鶏と一見変わらない(↓写真・左)。でもよく観察すると、野鶏は、地鶏より痩身で、敏捷性に富み、飛翔能力が高い。繁殖行動についても、地鶏は年じゅうなのに対し、野鶏は一月から三月くらいまでに限られる。野鶏オスについては、この間にだけ、鶏冠が盛り上がり、尾羽二本が長く伸び、また羽色が派手になる。翼は緑黒色、頸や背は金色や赤色を強く帯びる。

山村によっては、野鶏の存在感が、土地の狩猟鳥獣(シカ、イノシシ、猛禽類など)の中で異彩を放つ。村びとは、自身の信仰を告白するかのように、「地鶏が人間界の象徴なら、野鶏は自然界の象徴」と語る。「野鶏と地鶏が仲睦まじくすれば(すなわち、村びとが森林を大事にすれば)、村は繁栄する」と謳う詩歌も伝わる。

ちなみに、タンパク質の摂取を目的とする野鶏猟が、「在来文化」として、地元当局からお目こぼしにあずかっているところもある。

一月下旬、村の若者Tの案内で、野鶏の静止画撮影を試みた。タイ各地に設けられている鳥獣保護区で暮らす野鶏は、人影を見つけても、直ぐには逃げないらしい。でも猟師が徘徊し目を光らせ

山村で見かけた野鶏の若いオス(体重およそ1kg)。地鶏と比べて痩身で脚も細い。

ている山村周辺の森林で、そんな悠長なのはいない。

早朝、山へ入った。低い稜線に挟まれた谷あいだ。小川に沿って水田が開け、周囲の斜面は休閑中の焼畑で灌木が茂る。鳴き声を追って、野鶏の一群を発見。ついで餌場を特定した。前年末に脱穀作業が行なわれた一画だ。そこから五、六〇メートル離れた斜面の中ほどに、条件のよい作業小屋があったので、その中へ脚立を据えた。

ここまで準備するのに、早朝の時間帯を四日分費やした。

五日目の朝。撮影意欲を熱く語るTに、私は、カメラを託した。村の太陽光発電設備が不調で、充電済みのカメラは一台しかない。

その後三日間、毎朝、野鶏の群れは餌場に姿を現わした。しかしTは、力み過ぎたのか、シャッター・チャンスをことごとく外した。

翌朝私は、「対象に入れ込まず、淡々と撮ろうか」と、落ち着き払って言った。そして相変らずやる気を見せていたTからカメラを受け取ると、小屋の後ろへ狙撃手みたいに身を隠した。

一〇分後、何気なく空を仰ぐと、黒い物体が、無音で弧を描いていた。滑空する猛禽類のシルエットと比べて、ずんぐりしている。私は反射的に声を挙げて目を見開いた。そして、それが姿を充分にさらして向かいの茂みへ姿を消すまで、うっとりと眺めた。鶏冠の赤色が映え、一目でそれと分かる、貫禄のある野鶏オスだった。「撮れたか?」というTの声で、私は我に返った。

田舎の庭先で放し飼いにされている地鶏オス(体重およそ2kg)。

【エッセーの背景❷】

北タイ山村で私はどんな活動をしているか

◉私は、小さなNGOの現地担当者として、本部からの指示に基づく実務にかかわっています。具体的には、労働作業、野外調査、日本語教室の三つです。ここでは、それらの活動について説明します。

㈠労働作業

作業の目的は三つあります。在来種の樹木が茂る森林の保全を進めること、森林の緑化に熱心な集落の生活基盤（水道やトイレなど）を改善すること、ボランティア活動参加者に気づきや学びの機会を提供することです。

作業の内容は次の四項目です。緑化の推進（苗木の移植、苗木を育てる専用小屋の建設）、在来種蜜蜂飼養の普及（養蜂箱の製作、養蜂箱を集約的に置く小屋の建設）、水資源の整備（水道管の敷設、貯水槽や水洗トイレの建設）、環境教育施設の整備（校舎の改修）です。ちなみに、蜜蜂が花粉を運ぶ機能は、樹木の実りを豊かにし、いわゆる生物多様性の促進につながると言われます。

私の役割は三つです。交渉（現地の山村、警察、大学との連絡）、労働（工程の立案、資器材の購入と運搬、現場監督）、ボランティアへの対応（宿泊場所の確保、安全対策、健康管理）です。

なお作業は、ボランティアと村びとが共同で行ないます。その際は、村びとの求める品質とペースを大事にしています。

㈡野外調査

現地山村の文化と生き物に関する調査を行なっています。

文化に関する調査の対象は、山村で口承されてきた神話・詩歌・伝統音楽です。土地ならではの文化的な特性を理解することが目的です。エッセー「生け贄」は、この調査に関連しています。

他方、生き物に関する調査の対象は、集落周辺の熱帯林に生息する野鳥や在来種蜜蜂です。森林資源と村びとの関係性について学ぶことが目的です。エッセー「野鶏」は、この調査に関連しています。

㈢日本語教室

学習内容は、日本語の文字の書き方や初級会話です。対象者は、日本語学習を希望する村びとです。村びとの日本語実用技能の向上が、教室を行なう目的です。実施頻度は、私の山村滞在中に要望があれば随時で、農閑期はほぼ毎晩開いています。日本語教室の様子は、後出のエッセー「欧米のNGO」の中でも触れています。

3

〈助け合って働く〉

……今日の生業と交通…………

30年落ちのマイティX。内部構造が単純かつ頑丈なので、山村で根強い人気がある。

マイティX

私が出入りする北タイ山村で、自動車の定番といえば、ピックアップ・トラック「マイティX（エックス）」の中古車だろう（→写真・右）。日本では廃車に回されそうな三〇年落ちの代物が、この辺りだと、一〇〜一五万バーツで取り引きされている。

「トヨタ・ハイラックス」のタイ仕様車だという。先代に「ヒーロー」。後継に「タイガー」、ついで「ヴィーゴ」。そして二〇一五年に出た「リーヴォ」と続く。ちなみに身近な山村で「リーヴォ」はまだ見かけない（二〇一七年春現在）。

マイティXの内部構造は、村びとが言うには、単純かつ頑丈だ。修理部品が片田舎でも出回っているから、村びとが自分たちで、最低限のメンテナンスを行なえる。また、年季の入ったエンジンが、これまたよく働く。荷台の広い二枚ドア車（シングルキャブ）は、その最大積載量が一トンらしい。でも農地では、その二倍くらいが積まれていることもある。炎天下や豪雨も、なんということはない。

現金収入の少ない集落では、たとえ中古車でも、購入・維持できる世帯は限られる。だから車の所有者は、人、日用品、農産物、建築資材の運搬を、近所じゅうから頼まれて忙しい（→写真・左）。村びとEさんの車に、私はよく乗せてもらう。村内の農地や隣村

林道を補強するため、近くの渓流で採取した砂利を運んできたマイティX。

への移動が中心だ。Eさんは四〇代後半で、奥さんと三人の子どもがいる。細身ながら筋骨隆々でフットワークが軽い。社交的なので、土地の主要民族（北タイ人）の知り合いも少なくない。

Eさんのマイティ X はボロい。エンジンが造作なくかかることはまずない。沈みこんだシートにはぶ厚い座布団が敷いてある。カーオーディオやエアコンの噴き出し口は、外枠しか残っていない。閉まりきらないドアは縄でしばって固定する。

しかしエンジンが一たびかかれば、近隣一の力持ちだ。たとえば飼料用トウモロコシが出荷される一〇月下旬。積荷の高さを見れば、遠くからでもEさんの車だとわかる。

とある朝、隣村の畑まで出かけるというEさんに会った。フロント・ガラスには、有効期限の切れた自動車税関連のステッカーが貼ってある。「大丈夫なの？」と訊くと、Eさんは「この辺りでコイツを知らない駐在さんはいないよ」とダッシュボードをなでた。

夕方、Eさんは肩を落として帰ってきた。新任の巡査に罰金五〇〇バーツの違反切符を切られたという。町の工事現場で働けば、二日分の給金だ。巡査は「シートベルトの不着用を確認した。次回、自動車税や積載量についてもチェックする」と指摘したらしい。

庭先を竹ぼうきで掃いていた村の長老は、「それで済んで良かったじゃないか」と言ってから、Eさんの肩を一つ叩いた。

薄暗い林道を40分進むと、焼畑(陸稲畑)が開けた。

トウガラシ

この焼畑では、春先に用地の伐採・乾燥・火入れ、五月に種籾の播種、六月から八月にかけて除草、一一月に稲刈りが行なわれる。農業機械に頼らず、農薬も使わないから、元手はほとんどかからない。人手が必要なときは、世帯どうしで助け合う。一戸当たりの耕作面積は、平均〇・五ヘクタール。この広さだと、村びとが二〇人集まれば、稲刈りなどの大仕事も一日で終えられる。

とある雨季の晴れ間に、私は、焼畑で除草作業に加わった。

朝七時、迎えに来た村の子どもたちと集落を発った。林道を四〇分登ったところで視野が開け、陸稲《おかぼ》畑に出た(→写真・右)。稲の丈は六〇センチ。晴れ間特有の強烈な日差しが朝露に反射し、サングラス越しにもまぶしい。

勾配のある畑の中ほどに、シュロの葉で屋根を葺いた小屋が立つ。集まった二〇人がそこで支度する。長袖シャツを羽織り、目出し帽をかぶる。肩かけかばんから草刈り鎌を取り出し、刃先を確かめる。かばんは、丸木柱の所々に残る短い枝にかける。準備の整った者から、畑の最も低い部分へ下り、横並びの列をつくる。そしてこの列をなるべく水平に保ちながら、上方へ向かい作業を進める。

焼畑のトウガラシ。稲刈りの頃(11月)、赤色、オレンジ色、緑色の果実が見られる。

しかし、彼らのやり方を見ていると、どうも大雑把ですっきりしない。根は残されているし、刈り忘れも多い。列を離れた私は、専用区画を割り当ててもらい、そこで躍起になって作業した。

一一時、「昼食ですよ」と私を呼びにきた四人の子どもが、ドッと笑いだした。「わあぃ、トウガラシが引っこ抜かれてるよ！」。彼らは、私が刈って投げ捨てた雑草の山々から、まだ生育の十分でない野菜の茎や葉を、次々と引っ張りだして見せた。

トウガラシは、村の食文化で欠かせない香辛料の一つだ(→写真・左)。ソウル・フードは「トウガラシ搗《つ》き」。あぶった青トウガラシとニンニクをジョッキ型の木製臼に入れる。そこに茹でたナスや玉子、大豆油、香草、ナムプラー、食塩を加え、木製の棒で搗く。肉や魚があれば火を通してから合わせ、また棒先で打つ。味は激辛だ。

小屋に戻った私は、サングラスを外して長老に謝った。長老はふくみ笑いをしてから、「たくさん植えてあるから大丈夫だよ。さあ、地鶏のスープ料理を食べよう」と言った。

隣に座わった一五歳の少年が、諭すように教えてくれた。「稲のあいだで野菜を育てるのは、鳥獣や虫による食害を分散するため。除草のときに根を残すのは、手っ取り早く日当たりが得られるし、稲の生育にも悪くないみたい。それから、ムキになって作業しなくても、家族が食べていくのに十分な収穫量が得られるんだ」。

その夜、テントの中で私は、ムダに痛い腰をさすりながら、土地のやり方に注意を払わなかった昼の振る舞いを反省した。

打穀の作業風景。専用の竿で挟んだ藁束を地面に叩きつけ、穂からもみ米を落とす。

田んぼの休日

乾季のはじまりに当たる一一月、山は青々とし、沢の水は澄んでいる。午前中は春の爽やかさで、午後は夏のまぶしさだ。

稲刈りと脱穀がやっと一段落した谷あいの集落は、裏作するニンニクの作付けにかかるまでの一週間、おおらかな空気に包まれる。家禽や家畜の中には、しつらえの甘い柵をかいくぐり、シロチョウやアカトンボの飛びかう田んぼの一角まで繰り出すのもいる。

私が寄宿する納屋二階の突き上げ窓からは、そこがよく見下ろせる。数日前に脱穀作業が行なわれた一二〇平米の区画で、用を果たした藁《わら》の束が所々に積まれ、もみ殻やくず米が地面に散らばっている。

ここの脱穀作業は、まず打穀、ついで風選と続く。打穀は五、六人で行なう。専用の竿(縄でつないだ割竹二本)で、刈入れ後数日間天日干しにされた稲穂の束を挟み取る。それを頭上に振りかぶり、地面に広げた敷物の上へ叩きつけ、穂からもみ米を落とす(↑写真・右)。もみ米の小山ができたら、風選に移る。二人で当たる。一人が木製の大さじで米の小山を攪拌し、もう一人が竹製のうちわで小山の表面に風を送り、もみ米に混じった藁くずや不良のもみを吹き飛ばす。

ちなみに藁束は立派な売り物で、時価はキロ五バーツ。作付けし

藁を食む3頭のウシ。奥の藁山の前にはニワトリも見える。

た種ニンニクに被せる遮光材や、ウシやスイギュウの飼葉となる。

朝もやが山づらを上りはじめたころ、薄茶色のメンドリと八羽のヒヨコが、濡れそぼつ藁束をつつき、蹴り、くず米を探しだした。山の背から陽が射すと、畔を覆う雑草の蔭から黒毛の子ブタ一匹が顔を出し、頭と短い尻尾を振りながら藁束を嗅ぎまわった。異様に痩せた白毛のイヌ一頭も立ち寄り、藁の上に寝ころぶ。その脇を釣竿を提げた少年が通りがかった。白毛には目もくれなかった。

竹製のカウベルの音とともに、ウシ三頭がやってきた(↓写真・左)。スイギュウ八頭も加わる。ウシは顎をやや上げて藁を咀嚼し、スイギュウは脇目も振らず藁束を食んだ。だいぶたってから飼い主の老婆が、彼らを連れかえった。ちなみに三歳メス一頭の値段は、土地の相場で、ウシが一万バーツ、スイギュウが二万バーツ。村びとによる飼育の目的はふつう貯蓄で、殖えた子牛が利子となる。

翌朝私は、生き物が行き交う藁山の様子を撮影しようと、突き上げ窓のかたわらに三脚を立て、そこにビデオカメラをセットした。しかし藁山のすぐ前で、村の男三人が立ち話をはじめた。録画ボタンを私が押しあぐねていると、突如、轟音とともに、オレンジ色の耕耘機が、高い畔を乗り越えて現われた。種ニンニクを植えつける前のすき起こしが始まるのだ。田んぼの休日は終わった。

そこへ昨日の白毛の痩せイヌが姿を現わし、藁山に飛び乗ると、あくびをしてから腹を掻いた。白毛は中年の男に腹を蹴られ、悲鳴をあげた。

山腹で栽培されるコーヒーの木。村びとは、熟れた実を手摘みする。

チキン・レース

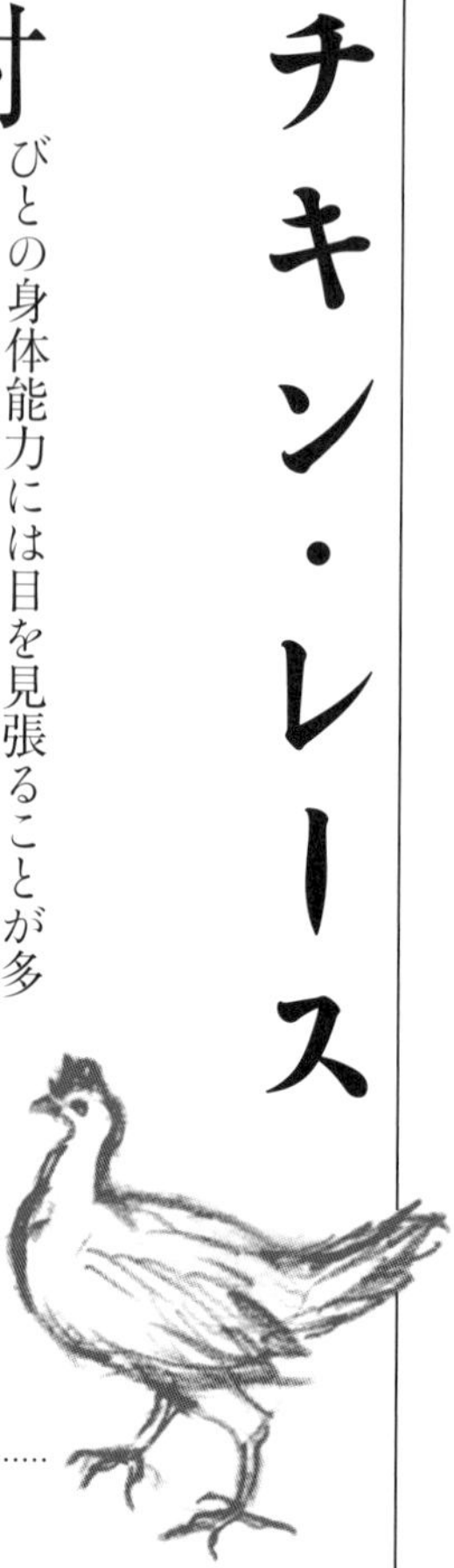

村びとの身体能力には目を見張ることが多い。たとえば、炎天下で長時間帽子を被らず、タープ（雨除け）なしで野営し、雨に濡れたシャツのままでも眠り、四〇キロの南京袋を担いで岩場を登る。

私は臆病なので、村びとと張り合おうとは思わない。でもまれに、独りよがりのチキン・レース（我慢比べ）をやってしまう。

一二月上旬、村びととひそかに競ったのは、疾走するピックアップの荷台に立っていられる距離の長さだ。コースは、集落からコーヒー畑までのダート（土道）三キロメートル。対戦相手は二人で、村長夫人Pさん（三八歳）と、村長夫妻の三女N（六歳）だ。

ここの生業はコーヒーの無農薬栽培で、海抜一五〇〇メートルの山腹にその畑が広がる。深緑の葉を揺らすコーヒーの木は、高さ二メートルで揃い、また二メートル間隔で植わっている。この時季村びとは畑に分け入り、赤や黄に熟れた実の手摘みに忙しい（↓写真・右）。

とある朝、「妻を畑へ送る」と言う村長のピックアップに便乗した。畑に置かれている養蜂箱の様子を撮るためだ。作業ズボンのポケットにカメラを突っ込んでから荷台へ上がり、腰をおろした。

竹かごを肩から提げたPさんは、私に合図してから荷台に乗ると、

ピックアップの荷台で鳥居につかまる村の子ども。急な上り下りをものともしない。

その前方に固定の鳥居(荷物保持用の鉄製の横木)につかまって立った。そして私の方を向き、「立っていた方が、揺れの衝撃が少ないのよ」と言った。振り落とされたら命にかかわるから、それは無茶だ。でもPさんの語り口が説得的で、つい立ち上がってしまった。

出発した四駆のピックアップは、すぐに集落を抜け、その馬力を遺憾なく発揮しながら、轍の深い難所をいくつも突破していく。

鳥居を逆手で握る私は、体重移動を繰り返し、一キロ過ぎまで持ちこたえた。でも谷側がえぐれた農道の下り坂で屈んだ。車両落下に備え、山側に跳び移る態勢を取るためだ。他方、Pさんはずっと立っていた。養蜂箱の撮影には何となく身が入らなかった。

翌日夕方、村長宅で生豆の選別作業を手伝っていると、村長が、「村の小学校で三女Nを拾ってから畑へ行く」と言う。私は、「今度こそ、よい写真を」と、村長のピックアップの荷台へ座った。

ピックアップが小学校の校庭に停車すると、ナップザックを背負ったNが、その背丈より高い荷台へ軽々とよじ登り、鳥居につかまった(→写真・左)。そして「立っていた方がね、乗り物酔いしないよ」と、私に言った。このセリフに背中を押され、また応じてしまった。

私は、Nの隣に立って鳥居にしがみつき、三キロの道のりをついに耐えた。片や、Nは終始、空飛ぶ絨毯を自由に操っているようだった。「誰がチキンなのか」を思い知らされるレースだった。この日も、覇気のない写真しか撮れなかった。

山の斜面に現われた、火入れを待つ用地。乾燥した倒木が折り重なっている。

焼畑の火入れ

この村びとは、昔ながらの焼畑で、陸稲や野菜を栽培している。この農法の大きな特徴は、一シーズン利用した土地を五～七年間休ませることにある。そうすると土壌の生産力が充分に回復するので、肥料や除草剤を使わなくても、それなりの収穫量が見込める。

村の長老によれば、一定の農耕用地が「焼畑」と呼ばれるには、村びとが継承してきた「火入れ」という工程を経る必要がある。

長老のお宅では、降雨のほとんどない乾季の三月、広葉樹や群竹に覆われた斜面の一区画（〇・五ヘクタール）を山刀で伐採する。そしてその状態で一カ月間天日にさらしてから、火をかける。

火入れの前日、「焼畑候補用地を下見する」という長老に付いていった。奥深い森林の中を五〇分歩いた先に、地肌が露出し伐木の転がる異様な区画が現われた（↑写真・右）。候補用地だった。

なんでも、火入れが理想的に行なわれると、用地の真ん中で火柱が立つという。その場合、自然鎮火のあとに、肥料となる黒色の草木灰がまんべんなく撒かれる。私は「用地の内側から、火柱を撮影できますか」と訊いた。「それは無茶だよ」と長老は声高に笑った。

翌日、村びと七人が出て、まず、用地の外周に、火の制御に必要

村びとにうながされて、記念写真用にポーズを取る。

な二重の帯をととのえた。一つは、用地と接する幅五メートルの樹木帯。着火後の火の勢いを抑える機能を持つ。もう一つは、その外側をめぐる幅一メートルの防火帯（下草を山刀で刈った小道）。用地外への延焼を防ぐ役目を果たす。

ついで、腕ききの村びと二人が、防火帯上の、海抜のもっとも高い地点に集う。そして手製のたいまつにライターで点火する。一メートルの割竹四、五本を束ね、その尖端にボロ布を挟んだものだ。

それから二人は、あらかじめ打ち合わせた速度で移動し、樹木帯の地面に積もる枯れ葉へ、たいまつで着火していく（→写真・左）。一人は時計回りに、もう一人は逆回りに用地を半周し、防火帯上の、もっとも低い地点で落ち合う。枯れ葉に着いた火は、乾燥した伐木が横たわる用地の方向へ、少しずつ進む。

このあとが見せ場だ。用地全体を取り囲んだ環状の火が、今度は、用地の中心目がけて一斉に走り出す。そして瞬く間に一点で衝突し、轟音とともに龍に見紛う火柱を立ててから、はたと鎮まった。

一五分待ってから長老と私は、ハレて「焼畑」と呼ばれるようになった、煤の一面に撒かれた斜面へ足を踏み入れた。伐木はほとんどが焼失し、四方がよく見通せるようになった。長老は「今年の焼畑は、半ば成功したようなものだ」と、頬を紅潮させている。

靴底が焦げはじめたので、私たちは焼畑の外へ出た。「こんなところでカメラを構えていたら、丸焼きだったな」と思った。

竹かごで薪を運ぶ村のお年寄り。週に3、4度、里山へ入る。

薪拾い

海抜一〇〇〇メートルを超える山村では、一二月から一月にかけて、朝晩の気温が摂氏五度まで下がることがある。かつて亜熱帯性の気候について思い描いていた「ココ椰子の木蔭で年じゅう寝そべっていられる陽気」とはほど遠い。

そんな肌寒い朝、煮炊き小屋の炉端で長老とお茶を飲んでいたときだ。学用品を詰めたリュックを背負った小学生たちが、小屋のすぐ脇を通りすぎていった。防寒着姿は少なく、せき込んでいる子どもまでトレーナー一枚だった。「上着を羽織らないとカゼ引くぞ」と半そで姿の少年に声をかけると、「平気だよー」と返ってきた。

小学生が薄いなりをしている理由を長老に訊くと、「元気いっぱいの子どもは、暑がりなものだよ」と意に介さなかった。野良仕事に精を出せば寒い朝でも汗ばむ、というのと要は同じらしい。

長老によれば、生活に困窮し防寒具にもひどく事欠いていたのは二〇年前までの話だという。それにここの子どもは、小学校にも上がれば自分で身支度をするから、厚着をしたいならできるという。

村の若者からは、「薄着の方が異性にモテるから、少々寒くともガマンする」と聞いたことがある。着ぶくれると不格好だからというより、薄着が強靭さと勤勉さを表わすからだという。そういえば

丸木材(左)を山鉈で割り、軒下(右奥)に整然と積んでおく。

村の首脳部にも、薄着姿が多い気がする。

ここで山村の寒さ対策に触れると、「寒かったらたき火で暖をとる」というのは安易にすぎる。時間と労力をかけて集めた薪を浪費したくないからだ。「寒かったら薪を割る」の方がしっくりとくる。

薪拾いは、二、三月が適している(↓写真・右)。一一月からまとまった降雨のない里山では、乾燥した倒木や枝木が容易に手にはいる。細枝は火持ちがしないので、繊維のつまった堅い材質の倒木から、手ごろな大きさのものを斧や山鉈で割り出すのがよい。

里山で集めた薪は、煮炊き小屋の床下などに、整然と積み上げておく(↓写真・左)。そして山が湿気る雨季のあいだは、備蓄してある薪を大事に使う。調理の前に山で枯れ枝を探すのは、ずさんとされる。

冬の朝、四時にはもう薪割りの音が聞こえる。暗闇の中でヘッド・ランプを灯しての作業は危険だ。斧の扱いに自信があると胸を張る村びとでも、その手足には派手な古傷が残っている。

しかし、冬の朝がだいぶ冷え込むとはいえ、それが一日中続くことは少ない。早朝の気温が五度だったとしても、九時半までしのげば、山の端から太陽が顔を出し、温かい日差しが谷あいの集落に届きはじめる。さらに日が高くなれば、二〇度を軽く上回る。

ここの子どもはふつう日課として、早朝からコメを炊き、庭先を掃き、家畜の世話をする。通学時の薄着姿は、「家の手伝いをしてひと汗かいた」という、身体を張った表現でもあるのだ。

ふもと町の目抜き通り。村びとは時おり町へ下り、食料品や日用品などを調達する。

町のT字路

雨季中ごろの九月、三〇年落ちのピックアップ「マイティX」でふもとの町へ下りた。二週間に一度の食料雑貨の買い出しだ。荷台には、もみ米三〇キロ入りの南京袋が八つ。町の精米所に運ぶ。二五歳の青年Bがハンドルを握り、その二歳年下の妹が助手席についた。私は荷台に座り、南京袋に寄りかかった。Bの運転は堅実だ。スピードを出し過ぎず、ハンドルさばきにも余裕がある。

町までの道のりは、土道を六〇分のあと、対面通行のアスファルト舗装道路(片側一車線)を三〇分。対面通行とはいえ、路肩の雑草が車道までせり出しているから、道路の中央線上を進む。

朝一〇時に町へ着いた(↓写真・右)。屋台で鶏の唐揚げともち米を食べてから、行きつけの公設市場、農具店、精米所をまわった。

村のお年寄りから頼まれた用事をおおかた済ませると、一七時を過ぎていた。大通り沿いの食堂に入り、ソムタム(青パパイヤのサラダ)とカオパット(タイ式チャーハン)を食べた(↓写真・左)。

そして一八時、帰路へ。市場近くの民家前に路駐してあったマイティXの中にBと妹が乗りこみ、私は荷台に乗り、白米の入った袋を枕にして寝ころんだ。スコールのない爽快な夕方だ。

マイティXは大きくうなったあと、慎重にバックした。五メート

大通り沿いの食堂。ソムタムやカオパットは一皿 40 ～ 60 バーツ。

ル後方のT字路で方向転換するためだ。左後方の横丁には古着、携帯電話、履物を扱う小店が軒を並べる。人の往来はまばらだった。

マイティXがハンドルを左に切って、T字路の中央を過ぎ横丁へ徐々に入りはじめたとき、ピックアップ「ヴィーゴ」が忽然と現われ、尋常でない速度で左折しT字路へ進入。ヴィーゴは、マイティXの後継(二代あと)で、車体も大きい。私は飛び上がって身構える。Bはすかさず急ブレーキを踏んだ。しかしヴィーゴはそのまま横丁へ突っこみ、その荷台の右側面を、マイティXの荷台右後方の角に、すこぶる強くこすった。やっと停車したヴィーゴから、酩酊した中年男が出てきた。不利な示談にはならないと私は思った。

Bと私は、ヴィーゴの前方不注意を冷静に指摘すると、相手はあっさりと認めた。しかし横丁の古着屋から、その妻らしき中年の女性が駆け出してきて、酔っ払いにビンタを食らわせたあと状況は変わった。妻は「警察を呼んで仕切り直そう」とまくし立てる。私は即座にそれに乗った。しかしBが、私のTシャツのすそを引っ張ってから、少数民族語でささやいた。「俺、免許ないんだ」。

妻は、Bのうつろな表情から勝負所と見ると、「警察を呼ばなくてもよいから、車体修理費用の一部を手伝ってほしい」と今度は泣き落としにかかった。結局私たちは、三〇〇〇バーツの支払いに渋々同意した。Bの妹が、「村ならスマンの一言で済むのに」と言った。

【エッセーの背景❸】

現地活動をはじめるまでの「失われた一〇年」

◉一九九六年の秋、所属するゼミの恩師から、私の自宅に電話がありました。電話口に出ると、「北タイの山村で行なうボランティア活動に参加しませんか」という唐突な誘いでした。

私はその場で遠慮しました。理由は二つあります。

一つは、東南アジア地域に関心がなかったからです。当時、西洋の伝統的な音楽に熱を上げていたため、私に見えている世界は、西洋音楽の本場であるヨーロッパと北アメリカに限られていました。

もう一つは、「現場の役に立てる専門能力を持っていない」と、少々窮屈に考えていたからです。これは、その前年（一九九五年）三月に、神戸市や西宮市などで災害復旧の補助作業にかかわった経験を踏まえたものでした。避難所で弁当を配り、体育館で支援物資を仕分け、罹災者の引っ越しを手伝うなど、充実した一カ月間でした。しかし「保健、土木、教育など何らかの専門能力を今後身につけ、次からはそれを生かす形で参加したい」と実感したのでした。

◉話は戻りますが、そうかといって日頃お世話になっている恩師がせっかく誘ってくれたわけですから、不義理のままでいる訳にもいきません。そこで、恩師の研究室が出発準備であわただしくなったころ、活動に必要な物資の梱包や搬送などにあたりました。

◉その後一〇年間、これとだいたい同じことが繰り返されました。毎年秋になると恩師から勧誘の電話を受け、その都度お茶を濁して辞退し、そして例のように、裏方の仕事にかかわりました。

しかしその間、日タイの大学生らが、北タイ地域で大きなケガもなく、苗木の移植や水道管の敷設などを進めていきました。記録写真をのぞくと、炎天下で作業に汗を流す学生や村びとの、えも言われぬ表情が、大写しになっています。そうやってハタから眺めているうちに、この活動に対する否定的な態度がゆるんでいきました。

そして二〇〇六年の春、北タイ山村へやっとおもむき、ボランティア活動に参加しました。

——これが、北タイ山村で私がボランティア活動へ参加したいきさつです。今考えてみますと、ボランティア活動の基本条件の一つとされる「自発性」からは、ほど遠いものでした。

◉その後私は、絵に描いたようなコペルニクス的転回を体験します。村びとのぬくもりや山の安らぎにハマり、まさに鱗のようなものが目から落ちました。全ての理屈を凌駕して、東南アジアの中山間地域という、私にとって全く新しい世界がひらけたのです。

ちなみに私は、参加に至るまでに費やした期間を「失われた一〇年」と、自嘲気味に呼んでいます。

4

〈外の世界と折り合う〉

……「独自性」の展開……

ヨハン牧師

「タイ国民の九割以上が仏教徒」と言われる。とはいえ、私の仮り住まいする北タイの山間地域では、プロテスタント教会に帰属する村びとが少なくない。彼らの多くは、かつてミャンマー（当時はビルマ）から移り住んだ人々の子孫とされる。ミャンマーではおよそ二〇〇年前に、宣教師らが布教をはじめたという。

ここの村びとが代々受けついできた精霊信仰から転じてプロテスタントとなった理由は、いくつかあった。手間のかかる儀式や呪術をやめたい、神事をつかさどる世襲リーダーの指導体制からはずれたい、疫病死が絶えないので新しい神に守ってほしい、宣教師の持ち込んだ西洋の進んだ教育や医療を子どもに受けさせたい。

改宗についてそう語ったのは、寄宿先の主人Sさんの弟ヨハンだ。彼は、宣教師がつけた欧風のニックネーム（洗礼名とは異なるという）で呼ばれているものの、れっきとした少数民族の一人だ。私より一つ年上で、村では私の兄貴分に当たる。

私がSさん一家の暮らす集落へ逗留するようになったのは、二〇〇八年。ヨハンは、彼が当時住んでいたふもとの町から故郷の村へ帰省したときに、村の寄り合いに私を呼び入れ、私が村へ溶け込むきっかけをつくってくれた。

ふもと町のプロテスタント教会。ヨハン牧師一家は、ここの牧師館に住んだ。

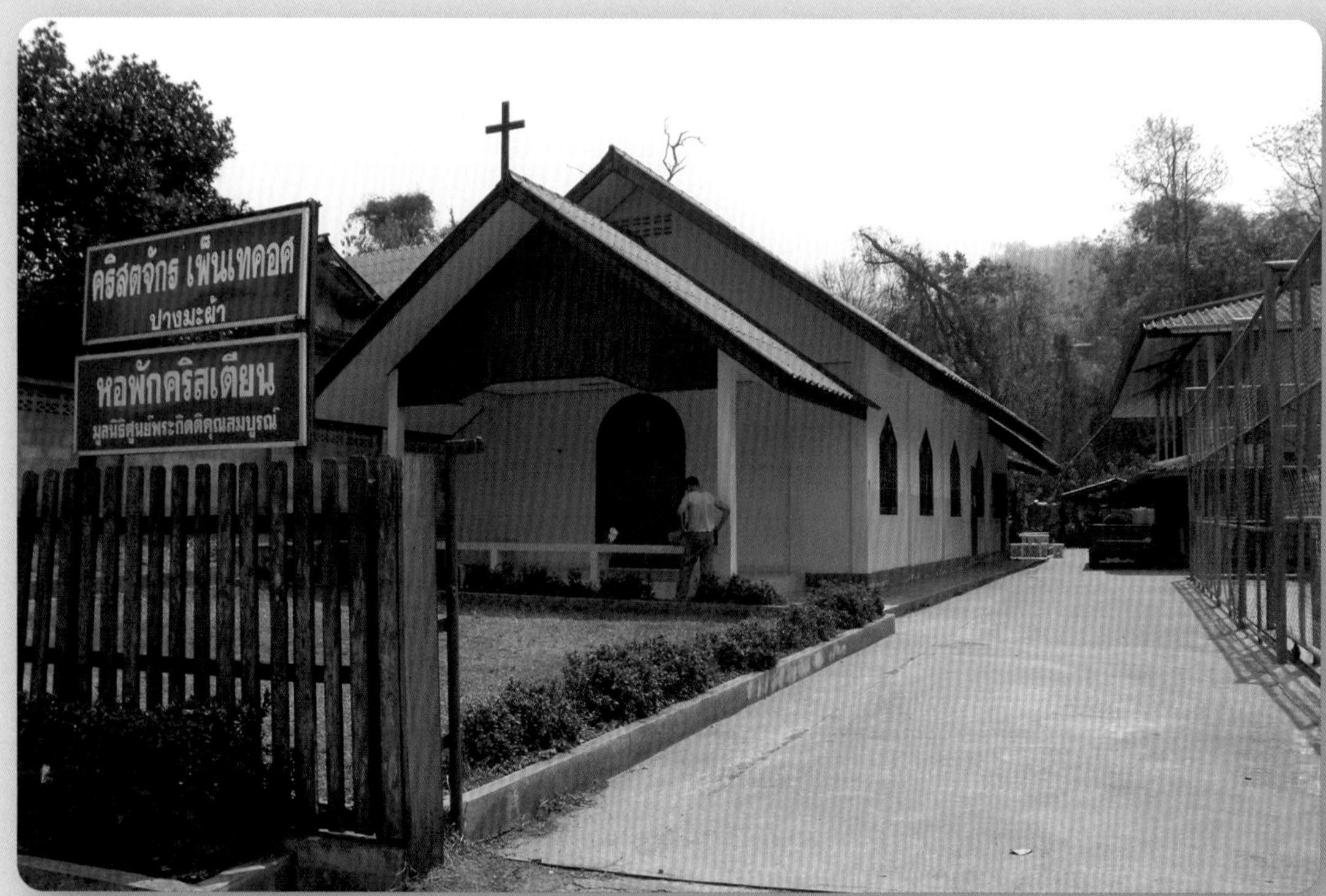

ヨハンは、幼いころから頭脳明晰で鳴らし、村に立ち寄った北欧出身の宣教師に見込まれ、ふもと町で中等教育を受ける奨学金が与えられた。そして村では小学校教育さえ十分に受けられなかったご時世に、高等学校を卒業。その後三〇代前半で、町にある教会の主任牧師となった(↓写真・右)。教会には、小中学生三〇名が共同生活を送る学生寮も併設され、その寮父も務めた。

二〇一〇年の四月、ヨハンは召天した。三九歳。奥さんと幼い二人の子どもが、大勢の会葬者とともに、ヨハンを見送った。

訃報を受けたとき私は、ヨハンの郷里から遠く離れた山村で、小型貯水槽の建設作業を手伝っていた。そこは敬虔な精霊信仰の集落で、キリスト教に敵愾心を持つ村びともいた。私は、彼らの気を揉ませたくなかったので、薄情にもヨハンの葬式に行かなかった。

転落死だった。この辺りにはオオミツバチという体長二センチにおよぶ蜂がいて、高木の太枝に半円形状の巣をかける(↓写真・左)。横の長さ一メートルの巣からは、七キログラム以上の蜂蜜が採れる。蜜のたまる四月、腕におぼえのある者は、木の幹に、足場となる竹くぎを打ちつけたり、竹ばしごをかけたりして、二、三〇メートルの高さまでのぼり、巣を切り取る。命綱を使う習慣はない。

ヨハンは、採れたての蜂蜜を、近隣の住民や寮生と分け合った。彼らの脳裏には今も時おり、木のぼりをする牧師の勇姿がよみがえってくるという。

オオミツバチの巣(横の長さは1メートル)。表面に見える黄点は、働き蜂。

欧米のNGO

ひがみっぽい話を一つ。タイとミャンマーの国境地域で見かける欧米のNGO(非政府組織)のことだ(↓写真・右)。なんでも年に数億円の資金を調達するところがあるという。それぞれが人権、食料、医療、教育、人口などの専門分野を持っている。

他方、この地域では日本のNGOも活動している。その平均的な年間予算をあて推量すると、前述した欧米のNGOの何分の一あるいは何十分の一ではないかと思う。森林緑化、水資源保全、農業指導、教育支援、文化保存などを得意とするようだ。

この際、両者の財政的な規模がかけ離れている原因について、憶測してみたい。具体的には、私がふだん関わっている少数民族集団の気風や、村びとが私に向けるまなざしの特徴に触れながら、西洋社会がNGOをどのように捉えているかを垣間見られたらと思う。

タイ国内で一〇余りを数える少数民族集団は、それぞれが独自の言語や習俗を持ち、その居住地は北部の山岳地域などに点在する。

私が出入りする少数民族の山村はおよそ、世帯数が二、三〇戸で、人口が一〇〇人から一五〇人。血縁や地縁に根ざした連帯意識が強く、村単位で自立的な気風が見られる。その裏返しで、集落間の結びつきは淡白と言えなくもない。村どうしで連携する例と言えば、

国境地域の山村で支援物資を輸送するピックアップ・トラック。

親村と子村の間柄や、あるいは行政、大学、NGO、宗教団体が主導するネットワークが挙げられるだろうか。

ところで私は、部外者が締め出される村の寄り合いに、しれっと加わることがある。例外的に許されるのは、「ヘンな発音」と笑われながらも、少数民族の言葉をめげずに使っているかららしい。

たとえば当日の議題が「貯水タンク新設場所の選定」なら、それは新たに供給される水量の多寡に関わるから、各世帯の関心事だ。目に見える衝突はまず起こらないものの、腹の探り合いが続く。よそ者が不用意に口をはさめば、スケープ・ゴートにされかねない。

もっともふだんの村びとは、部外者である私の、母国語である日本語に関心が強い（↓写真・左）。また日本の自動車、農業機械、医薬品、食料品、ファッション、アニメーションなどに愛着を見せる。その結果、とりわけ若者は、短期間で日本の文化に通じていく。

これと似た構図で、欧米のNGOと関わりのある少数民族の青年リーダーの中には、英語を巧みに使い欧米文化に親しんでいる者がいる。西洋の助成団体や篤志家はこの点をおろそかにしないのではないか、と私は思う。もっと言えば、東南アジア地域でのNGO活動が、自国の安全保障政策を前に進めるための足場の一つ、と西洋では捉えられているのかもしれない。そうだとすれば、冒頭で触れた資金力の差について、ひとまず納得がいくのである。


土曜日の朝、平仮名を声に出しておさらいする村の子どもたち。

ムエタイ選手

私の出入りする少数民族山村に、ムエタイ（タイ式ボクシング）選手のKがいる（↓写真・右）。二五歳。本業の米作りのかたわら、月に三、四試合をこなし、あわせて一万五〇〇〇バーツ（コンビニ店員さんの月収の二倍）のファイト・マネーを稼ぐ。村一番の高給取りだ。

とある日の夕方、Kは、所有するピックアップの荷台に、村びと八人と私を乗せて、村を出発。目的地までの二時間、Kが運転した。

今回の会場は、土地の主要民族である北タイ人が住む大きな町の寺院。そこの駐車場にリングが特設された（↓写真・左）。催しの名目は「本堂改修費を募るチャリティー興行」。ムエタイは最大の呼物だ。

山門からリングへとつながる通路の脇には、串焼き、酒、かき氷、射撃ゲーム、古着や古靴の露店が並ぶ。リング向かいの仮設ステージでは、若い歌手やダンサーが、大音響のショーを行なっている。

到着したKの一行は、コップ酒を片手にステージをのぞく。その間、近くの山村から、Kの友人ら数名がバイクで駆けつけてきた。

七時、会場を鼓舞する鳴物の合奏がはじまり、試合が順次行なわれる。都合八試合。二試合目で選手一人がどたキャンした。急遽、観客席にいたイキのいい若者がリング上に呼ばれ、その穴をうめた。

試合前、選手はリングいっぱいを使って独特の舞いを行なう。試

日本の小学生（11歳）に稽古をつけるムエタイ選手。

合は一ラウンド三分の五ラウンド制（ラウンド間の休憩は二分）。

九時頃、Kはアップを始める。私はカメラを三脚にとりつけ、動画撮影の準備をする。北タイ人選手と互角以上にやりあうKの試合映像を、村で待つKの両親らに後日見せるためだ。Kの力量はこの辺りでは有名で、バンコクの興行師からも声がかかっている。でも現状に不満のないKは、それを断わっている。

九時半を過ぎるとリング下は、三〇〇人の立ち見客でごった返す。客の大半は北タイ人で、中年が多い。素朴な賭場も立ち、リング上のキックやパンチの一つ一つに歓声がうねりを打つ。特別席には、町長、町会議員、医師、看護師、教員など地元の名士が座る。その後方には、観衆のマナーを見守る警察車両二台が停めてあった。

Kの試合はメイン・イベントの一つ前。ゴングは一〇時だった。Kのセコンドはとうに赤ら顔だ。そんなことで務まるのかとも思う。でもリングの周りには、選手を除けばシラフなんていないんじゃないか。Kは、出だしで相手を慎重に見極めたあと、しだいに手数で圧倒し、そのまま判定勝ちした。危なげない試合運びだった。

しかしその直後、リングからおりたKが、酔っ払いの中年男に殴られた。男はすぐに逃走した。リング下は感情ムキ出しで、少数民族を見くだす罵声もときに聞こえる。Kは、切れた唇をぬぐってから、「かわいい娘に見とれて、つい油断したよ」と言った。

お寺の駐車場に特設されたリング。大音量の鳴物と歓声が轟く中、試合は行なわれた。

村びとのペース

発展途上国のスラム街の様子が、ニュース映像などで流れることがある。「ここの住民は、大都市の繁栄をよそに、貧困から抜け出せない」という語りもつく。私の父なら、それを茶の間で見聞きすると、「途上国の生活は相変わらず厳しいものだ」と納得する。

途上国に関するニュースが、貧困問題などに偏りがちなのは、もっともなことだと思う。その対策を直ちに講じる必要があるからだ。しかし差し迫った問題ばかりに目を向けていると、途上国の全体像を捉えようとするときに、死角ができやすいかもしれない。

たとえば途上国の中山間地域（自然の豊かな平地周辺や山地）だ。生活水準は、先進工業諸国のそれに遠く及ばない。でも中には、市場経済化の進んだ社会の価値観では計りにくい、独自的な尺度をよりどころとして、稲作中心の自給自足的な生活を営んでいる共同体もある。私の出入りするいくつかの山村がそうだ（↓写真・右／左）。

ここで、とある山村の子育て世代のお母さん方に着目してみたい。彼女たちは、子育て、家事、家畜の世話、農作業を夫と分担するのはもちろん、それらの仕事にマイペースでのぞんでいるようだ。果物の切り身が出しっぱなしにされ、洗濯物がスコールに打た

山村の高床式家屋。村びとは自給自足的な生活を営んでいる。

れ、子ブタが腹を下し、ネズミが稲穂を食い荒しても、気持ちが高まるまでは、事に当たらないように見える。それは、彼女の住む集落が、こんな常識を引き継いでいるからだろう。「自分にとって好ましいペースが大事。度を越して頑張れば、どこかでひずみが出る」。

他方、日本のお母さん方はどうだろう。最近理解のある夫が出てきはじめたとはいえ、子育て、家事、夫や親の世話、パートやフルタイムの仕事に、多忙をきわめている方も少なくないだろう。それは、彼女や彼女を取り巻く世間が、次のような価値観を重んじてきたからかもしれない。「社会を生き抜くには、努力が大事。努力した分だけ、成果や充実感が得られ、当人も成長できる」。

タイ山村で団らんしているときに、日本の病院で見かけた光景を話題にしたことがある。朝の待合室。乳児をおぶった女性が、お年寄りの男性患者に付き添ってきた。娘と父親の間柄らしい。ややあって女性は、「このあと保育園に子どもを預けて、そのあと夕方までパートだから帰るね」と、手を振って立ち去った。――これを聞いた村のお母さんの一人が、「大変なのね。私なら、赤ん坊と一緒に、老いた父に付き添う一日にしたいな」と言った。

ここの山村では、世帯当たりの現金収入が、月に均せば五〇〇〇バーツ以下だ。でも村の長老らはこう語る。「私たちの生活はそれなりに豊かです。村びとのペースがほどよく保たれているし、周囲の森や焼畑から様々な食料や材料が得られているからね」。

山村の煮炊き小屋の炉端。囲炉裏の火でタケネズミを炙る主婦。

解熱鎮痛薬

北タイの山間地域の一部でも、合成麻薬の使用と流通が喫緊の社会問題となっている。近くの少数民族の集落の中には、官憲の家宅捜索が入ったところもある。二年前には、顔見知りの警察官が売人に撃たれ殉職した。軍の部隊が出動する大がかりな摘発もある。

私の出入りする精霊信仰の山村は幸い、薬物汚染をまぬがれている。昔ながらの掟や助け合いの精神が残る集落では、不正薬物を持ち込ませない意識が、行きわたっているからだ。かりに、村びとによる薬物使用が発覚し、それが「村ぐるみのトラフィッキング（違法売買）」と官憲から見なされたとする。すると、村の自治体制が、村外から、容赦のない干渉を受けかねない。独自の文化や秩序を重んじる村にとって、それはあってはならないことだ。

土地では、アヘンの持つ鎮痛・麻酔作用が、慣習的に利用されてきた。若者の祖父母の代までは、目新しくもない万能薬だった。村の古老によると、当時は、山刀で深い傷を負ったり、高熱に襲われたり、酷く疲労したりしたときに、アヘン煙草を吸ってしのいだという（↓写真・右）。

しかしその負の面は凄惨だ。嗜んでいるうちに依存が進み、やが

村の古老が庭先で育てるタバコ（中央）。かつてはアヘン煙草も嗜んだという。

て廃人化することがある。その辺りの事は、古都チエンセーンにある博物館「ホール・オブ・オピウム」の展示に詳しい。

タイ、ミャンマー、ラオスの国境地域は「黄金の三角地帯」と呼ばれ、かつてはケシの世界的な生産地だった（↓写真・左）。タイ側地域では過去数十年間にわたり、タイ王室が、アヘン撲滅のイニシアチブを取り、成功を収めてきた。現在、同地域は観光地化されている。

この地域が劇的な変化を遂げたのと同じころ、北タイの山奥でも、その医療や保健衛生に関する環境が、だいぶ改善されたという。

とはいえ現在でも、ここの山村の住民にとって病院の敷居は高く、少々の症状で受診する習慣はない。体調不良を感じると村びとは、その根本的な原因を云々することなく、おもて立った症状、たとえば頭痛、腹痛、歯痛、高熱、倦怠感を、ひとまず抑えようとする。

彼らは、そんな症状を感じると、買い置きの解熱鎮痛薬の錠剤を口に放りこむ。これに加えて、こめかみに、メントール成分入りの油を塗ったり、薄いパップ剤を貼ったりもする。そしてふだん通り田畑へ出て、回復を待つ。ちなみにこの錠剤は、ふもと町の雑貨店でバラ売りもされている。一粒二バーツだ。

村には、わずかな違和感でもこの錠剤を服用し、また用量を守らない若者もいる。ときおり私は、錠剤の副作用を彼らに説明する。でも彼らは「こんな小粒だから平気ですよ！」と笑顔を見せる。

集落の秩序がほころびを見せたらどうか。「この服薬の習慣が、合成麻薬のつけ入るすきにならないか」と、私は案じている。

タイ（手前）、ミャンマー（向かい）、ラオス（右側）の国境が接する地点。

若者とＳＮＳ

とある冬、少数民族の子ども二〇人が通う小学校に、衛星回線を使ったインターネット環境が整備された（↓写真・右／左）。「遠隔地教育の目玉」という触れ込みだったと思う。

この辺りには電線も電柱もなく、携帯電話サービスも圏外だ。郵便配達もない。だからおよそ都会人の目には、これが「ひどく不便な環境」と映る。ところが村の中高年やお年寄りは、「それなりに好ましい状態」と考えている。村外の情報がやみくもに流れ込んだら、村の慣習や秩序がおびやかされかねないからだ。

それだけ用心深い村だから、ネット設備の導入について少々モメてもおかしくなかった。でもすんなりと行なわれた。村びとがとやかく言いにくい学校当局の主導によるもので、かつ村の自治を取り仕切る長老世代がネットの用途や影響力に不案内だったからだろう。

かくして小学校の無線ＬＡＮが、村びとに終日開放された。骨の折れる接続速度で、動作不良も日常茶飯事。でも不平は出ない。

これと前後して村の若者は、市中に出回る安価なスマホを競って購入し、ＳＮＳで、各地の友人や知人と、会話やデータのやり取りをはじめた。若者に歓迎された変化の一つは、他村にいる異性と知り合いになる機会が、ぐっと増えたことだ。以前のそれは、親戚

ネット環境の一例（校舎の間に立つアンテナは、衛星通信用）。

や知人による紹介のほか、いくつかの山村のあいだで村びとが往来する、年中行事や冠婚葬祭のときくらいだった。

あとは自然の成り行きと言うべきか、若者の多くが、朝晩を問わず、小学校に足しげく通いだした。夕食後の団らんで長話をしなくなったし、校舎に寝泊まりする者も出てきた。

やがて村の寄合いで、ＳＮＳにのめり込みがちな若者を年長者が冷やかす場面が増えた。若者の一部は、ＳＮＳの利用を意味する、「指先ボクシング」なるスラングを使いだした。

ところでこの村では、一昔前と比べて簡略化されているとはいえ、精霊信仰の儀式や呪術が盛んだ。リーダー格の若者は、それらを「現代社会にそぐわない」と軽んじるどころか、「もっと大事にしたい」と語る。村びとの考える「独自性」を村外に示す、拠り所となるからだ。土地の主要民族（北タイ人）の社会とうまく付き合いつつ、村の自治体制をより確かなものにしたいという。

実際ＳＮＳを駆使して、具体的な行動を起こしている若者もいる。たとえば、地元の政治家や役人の中から山村に理解のある人物を村の祭事に招く。また、山村と関わりの深い国内外の研究者やＮＧＯ活動家が企画した「スタディ・ツアー」の参加者を受け入れる。

村の若者がＳＮＳで頻繁にやり取りを交わす相手は、ふもと町の住民から、バンコク都市圏の市民や、先進工業諸国の大学生にまでおよぶ。ＳＮＳを介して山村文化を村外へ紹介する試みは、今後も続けられていくだろう。

ネット環境の一例（小学校の教室内に備えつけられているディスプレイとキーボード）。

ハーモニー

この山村は、三五戸、一六〇人。うち四戸の九人が、タイ国籍を持たない。三〇数年前、彼らは、旧ビルマ領内の郷里を武装集団に追われ、タイ領へ逃げこんできた。その後、プロテスタント教会の橋渡しで、民族を同じくするこの山村へ移り住んだ。

彼らの暮らし向きは山村の中でも質素だ。田畑を持たないから、近所の野良仕事を手伝って、食いぶちを得ている。それから振る舞いが控えめだ。村の寄合いでほとんど発言せず、礼拝のときは後方に席を取り、教会関連イベントの余興でも舞台には上がらない。

そんな彼らがここで居場所を確保してこられたのは、「かつてビルマで中等教育を修めた教養人」としての務めを果たしてきたからだ。彼らは、小学校教育を受ける機会が得られなかった村びと（現在四〇歳以上の大半）に、読み書き、計算、英会話、音楽を教えた。

教養人の一人、Eさんは五五歳。村の教会で二〇年以上、クワイヤー（讃美歌合唱団）の指導役をつとめてきた。村の女性とのあいだに二男一女。子どもたちは、ふもと町の学校で寄宿生活を送る。

とある夕方、Eさんが私の寄宿先を訪ね、「今晩、練習を見にきませんか」と、小さな声で言った。音楽好きの私は、快諾した。

夕食後、ザボンの木が軒先に立つEさんのお宅を訪ねた（↓写真・右）。

軒先のザボンの木。集落内でよく見かける果樹の１つ。

広間では、男女二〇人の団員たちが車座になって、讃美歌の通し練習をしているところだった（↓写真・左）。翌月に開かれる教会関連のイベントで、他村のクワイヤーと競演するという。

行進曲風の讃美歌だ。発声が荒削りで、かつハーモニーに厚みがない。でも歌い手の表情は、感謝に満ち、祈りを捧げる顔つきに他ならない。「ここでは批評めいた発言を慎もう」と私は思った。

問題は、パート編成にあった。ソプラノ一二人、アルト一人、テノール一人、バス六人と、型破りだ。声量で他を圧倒するソプラノ、影もないアルト、Eさんの地声が突出するテノール、サビの部分でかろうじて現われるバス。しかも、なぜかアルト担当は男性で、楽譜より一オクターブ下を歌っている。

練習のあと、私は、寄宿する納屋の二階へEさんを誘った。

Eさんは丸木イスに腰掛けると、楽譜を開いた。そして「実は、指導役を下りようと思う」と、うつむいた。いびつなパート編成を見直そうとしない歌い手たちと、最近しっくりいかないという。

私は、六一鍵の電池式キーボードを部屋の奥から引っ張りだし、先ほどの歌の、伴奏部分を弾いた。Eさんは歌いだした。

するとそれを聞きつけた団員たちが、納屋へ駆けつけ、歌に加わった。ものの五分で歌い手のほとんどが揃うと、Eさんがタクトをとった。それまで地声の寄せ集めに過ぎなかったものが、祈りのハーモニーへと変化した。Eさんは、目を赤くして汗をぬぐった。「Eさんは、指導役を辞めさせてはもらえないだろう」と私は思った。

讃美歌の練習風景。楽譜は、数十年前にミャンマー（旧ビルマ）で印刷されたもの。

老婆と太陽

小型貯水槽（↓写真・右）の足元で、配水パイプの点検をしていると、E婆から声をかけられた。「坊や、こんな炎天下に外で働くものじゃありませんよ」。私は手を休めて、タマリンドの木蔭に腰かけているE婆のそばへ歩みよった。

E婆は八〇歳。寄宿先の最年長だ。足腰が強く、病院知らず。子どもは一一人で、七年前に夫と死別。現在は末娘夫婦と同居する。生まれてこの方ずっとここの住人で、少数民族語だけを使ってきた。

三月の灼けつく太陽を指さしてE婆は言った。「これは、坊やのお国のと同じなのかい？」。太陽系のしくみに触れる機会がなかったのだろう。私が「はい、太陽は一つです」と答えると、E婆は「そうかい、フシギだねえ」と含み笑いをした。

私はもう少し話が聞きたかった。でもパイプ点検のあと、村外れの取水口まで出かける予定だったので、会話はそこで終えた。

E婆の一日はこうだ。夜明け前に起床。寝室のある高床式家屋を出て、軒下の薪置き場へ下りる。太い割り木を山鉈で裂き、身体が温まったら、薪を抱えて煮炊き小屋へ上がる。囲炉裏で火をおこし、手早く研いだ白米を炊飯用の鍋に入れ、それを炉にかける。

そして、五〇代の娘夫婦が起きてくると、空のポリタンク（容積五

村びととボランティアが手作りした貯水槽。直径 1.2m × 高さ 2.0m（1基当たり）。

リットル）五つの入った竹かごを背負って、近くの河岸段丘から湧き出す清水を汲みにいく。帰りは、竹カゴの重みが二五キロにもなる。でもE婆は、この仕事が好きなのだという。

四〇分で煮炊き小屋へ戻る。小屋内の隅には、清水の入った一五個のポリタンクが並べてある。米が焚けると娘夫婦は、野菜を炒めて食べた。E婆は食欲がまだ湧かないので、庭先の落ち葉を掃いた。娘夫婦が野良仕事へ出たあとで、E婆は朝食をとった。娘たちの残したおかずが気に入れば食べるし、そうでもなければ自分でつくる。この日はサトイモを煮て食べた。乾燥納豆が味の決め手だ。

昼間は一人で過ごす。気が向けば、バナナ林の剪定、民族衣装の刺繍、数年前に娘夫婦が始めたコーヒー畑の草むしりをする。

夕方、私が取水口から戻ると、軒先に木の皮が数片干してあった。口中で噛む昔ながらの嗜好品（コショウ科低木キンマの葉、ヤシ科高木ビンロウの実の種、そして少量の石灰を合わせた清涼剤）の香味料に使われるものだ（↓写真・左）。E婆が翌日、隣村に住む実姉のところへ持って行くという。ことのついでに、村外へ出る頻度や行先をE婆に訊くと、「近隣山村へ年に三度」とのことだった。

なるほど、E婆の現実世界は、直接目に見えるもの、手に取れるもの、どこの誰だか分かる人など、ほとんどが揺るぎないものでできている。すると村で親しんでいる確固たる太陽と、得体の知れない異国の太陽とは、E婆にとって別物なのだ。一つの太陽を「フシギ」とE婆が感じるのは、多分このせいだろうと思った。

キンマの葉の上に置かれたビンロウの実の種（中央）、砕かれた種（左）、種を砕く専用バサミ（右）。

【エッセーの背景❹】

北タイの少数民族は多数民族をどのように見ているか

◉北タイとはふつう、タイ国の北部八県を指し、ラーンナー地方とも呼ばれます。一三世紀末から一九世紀末まで、土地の多数民族である北タイ人のラーンナー・タイ王国が存在していました。首府はチエンマイです。

◉この地域の人口分布について大まかに触れますと、ここの平地には、北タイ人の大きな町が開けています。他方、高地には、独自の言語体系を持つ少数民族であるカレン族、モン族、ヤオ族、ラフ族、アカ族、リス族などの、小さな村が点在します。

◉少数民族は、人口や経済の点で圧倒的な優勢にある北タイ人を、どのように見ているのでしょうか。少数民族山村で、次の場面に居合わせたときに、そんなことがふと思われました。

村びと五人が立ち話をしているところへ、初老の北タイ人一人が加わりました。すると聞こえてくる言語が、それまでの少数民族語から北タイ語へと変わりました。しかも村びとはもっぱら聞き役のようです。北タイ人はふもと町の養鶏農家で、露地栽培の肥料として重宝される鶏糞の時価について話しています。

◉このさい私は、村びとと北タイ人との会話が、そのような形で進む背景について、村の長老から教えてもらいました。

まず、「北タイ人と少数民族のあいだには、村外の事柄についての情報量で、圧倒的な差があるから」なのだそうです。過去二〇年間、山村の生活水準は、北タイ人社会からもたらされた情報に基づいて、改善されてきました。なるほど、村で見かける医薬品、家具、電化製品、農薬、建築資材、農業機械のほとんどは、ふもと町の常設市場や小売店で調達されました。

ついで、「中年以上の村びとが、流暢な北タイ語を話せないから」と言います。四駆車なら通行可能な現在の山道がひらかれたのが、およそ二〇年前。それ以前は、村びとがふもと町へ出るには、道脇で野宿しながら、数日かけて歩いて行ったものでした。当時村びとは、北タイ人と接する機会が少なかったため、北タイ語の習得に熱心ではありませんでした。

◉立ち話の続きに戻りますと、村びと五人の笑顔とともに進められる北タイ語会話の合間に、少数民族語が聞こえてきました。「このお年寄りは、われわれに対し親しみを感じているのかもしれない。鶏糞の時価が、他の養鶏農家の言い値より安い」。

この発言から垣間見る限り、少数民族の人びとが、北タイ語会話の中で見せる相槌は、「北タイ人の言動を慎重に見定めている合図」と言えるのかもしれません。

5

〈自立心を養う〉

……子どもとコミュニティ……

山中で植林作業に取り組む日本の小学生（9歳）。

水まわり小屋

私は四〇代後半、独身だ。稼ぎは悪いし能天気だから、なるべくしてなっているのだろう。

子どもを持つことにも、長いこと関心がなかった。子どもの動きはムダが多くて予測がむずかしい。愛らしいとは思えなかった。

でも姉夫婦が子どもを授かってから私は変わった。姉にうながされて赤ん坊をしぶしぶ抱きあげたときに、「守らなければ」という気持ちが、身体の奥の方から湧き上がってきたからだ。

八年ほど前の春、姉は小五、小三、幼稚園年長の息子（ここでは一郎〜三郎と呼ぶ）を連れてタイの山奥までやってきた。私が熱心に誘ったので、姉も思い切ったのだ。乾季とはいえ、マラリアや脳炎を媒介する蚊がいるかもしれない。それで春休みの一週間、姉たちは長そで・長ズボンを身につけ、夜は蚊帳テントで寝た。

甥たちは一日中、同世代の子どもたちと一緒に過ごした。虫とりや川遊びをし、ボランティア活動にも加わった（↓写真・右／左）。

村の子どもはタフだ。はだしで岩場を走り、サンダル履きで木に登る。丸太の輪切りをひょいと担ぎ、山刀で薪を割り、手際よく火をおこす。沢の水や雨にぬれてもへっちゃらだ。小さな子どもの面倒見もよい。

熱帯林の中で、林道の整備作業を手伝う日本の子ども(6歳)。

とある夕方、私は、一郎を連れて水まわり小屋に立ち寄った。庭先でもいだマンゴーをざっと洗うためだ。水まわり小屋とは、細長い手洗い場、シャワー室三つ、トイレ個室三つを備えた、村びと手作りの建物だ。壁はコンクリート・ブロックを積み上げた造りで、屋根はスレートで葺いてある。水道は近くの沢から引いたものだ。

マンゴーを洗っていると、ドアが半開きだったシャワー室の一つから、子どもの鼻歌と水の飛び散る音が聞こえてくる。私は子どもがせっけんを溶かして遊んでいるのだろうと思って、「水遊びは小川でやろうね」と声をかけた。でもしっかりした返事がなかったので一郎と一緒に中を覗くと、Tシャツに短パン姿の、長老の孫娘Y(五歳)が、トタン製のたらいに張った水に手を入れて、衣類をすすいでいるところだった。私は謝った。Yは、目を丸くしている一郎に、「あなたは洗濯もう済んだの?」と言った。

それから私と一郎は、長老宅の広間でムエタイごっこに興じる二郎と三郎に、マンゴーを持っていった。三郎は「どうやって食べればいいの?」と訊いた。一郎は、さっきの衝撃で彼の自主性が覚醒したのか、「そのままかじれよ」と返した。ちょうど二郎は、汗をかいたと言ってTシャツを脱ぎ、彼の母親の方を見て「何を着ればいい?」と尋ねた。一郎は「自分で決めろよ」と割って入った。

姉がさっぱりと言った。「これからの男は、自分のことを自分でやれないと、叔父ちゃんみたいに結婚できないよ!」。私は「そうだそうだ!」と他人事のように戯けた。

「キャロリング」の模様。手拍子を取りながら歌う。

クリスマス・キャロル

年末、プロテスタント集落のSさんに誘われ、「キャロリング」に参加した。家々を訪ねてクリスマス・キャロル(祝歌)を合唱する催しで、一九時から二四時までの長丁場だ。

例年この時期になると、村のクワイヤー(讃美歌合唱団)が、同じ宗派に属する近隣の数カ村を、一晩に一カ所ずつめぐる。

クワイヤーは、中年世代二〇名と、子ども世代一〇数名(↑写真・右)。伴奏はギター二本。レパートリーは西欧の定番曲と変わらない。

夕方、キャロリングに出かける大人や子どもたちが、ピックアップ・トラック二台に分乗して村を出発。すし詰めの荷台では、掛布団を身体に巻いたり、毛糸の目出し帽をかぶったりして防寒する。険しい山道に外灯はないからヘッド・ランプも各自で装着する。

二時間で到着した村は、幹線道路に面した三五戸の集落だった。村内の各所に電柱が立ち、電線が架かる。ここからほど近い町まで働きに出て、それなりの現金収入を得ている村びとが少なくないのだろう。手の込んだ木造二階建て家屋が多く、庇の支柱や外階段の踏板は、見栄えのするチーク材だ。ひなびた集落ではふつう吹きさらしの一階部分が、ここではモルタル仕上げの壁で閉じられ、床には大きめのタイルが敷いてある。二階の板壁にはワニスが塗られ、

平たいザルに盛られたクッキー、サトウキビ、果物など。

一〇数枚の板戸がはめてある。

一曲目は家の戸口前で歌う。白い息が上がる。それが済むとクワイヤーの世話役が「メリー・クリスマス！」と発声。そして家人に招き入れられた部屋で輪になり、もう二、三曲続ける。家人も一緒に歌う。病人が床から半身を起こして耳を傾けていることもある。

その後、世話役が祈る。歌い手の足もとでは小さな子どもたちが、床の上に置かれた茶菓子を囲んで、それに覆いかぶさるように座っている。盆やザルに盛られているものは、家によって違う（↓写真・左）。サトウキビ、ミカン、ひまわりの種、煎り豆、飴玉、薄焼きビスケット、葉巻風の筒状クッキー、小分け袋に入ったバター・ケーキ。やっと「アーメン」が唱えられると、子どもたちは、歓声を上げて盆に手を伸ばし、お菓子をつかみ取る。そして肩から提げている布かばんの中に、それをしまい込む。バター・ケーキが人気だ。

盆のお菓子の上には、葉書サイズの封筒が決まって挿してある。家人からの献金で、二〇バーツから一〇〇バーツ分のお札が入っている。クワイヤーの会計係がそれを回収する。

この晩、クワイヤーは二五軒を回り、二二〇〇バーツを得た。その全額が、クワイヤーの所属する村の教会に収められる。ちなみにこの辺で土木作業に丸一日従事すると、労賃は二五〇バーツだ。

帰路、子どもたちは、大揺れの山道をものともせず、ぐっすりと眠る。その両腕には、詰め込まれたお菓子でハチ切れそうな肩かけかばんが、しっかりと抱かれている。

村内を走る旧式バイク。運転手は白いフードをかぶっている。

バイク少年

この山村には、バイクで小学校に通学する少年たちがいる。四～六年生だ。たいてい弟や妹を後部座席に乗せている。でもこれが危なっかしくないからフシギだ。

少年らがまたがる旧式バイクは、泥よけやミラーがはずれ、電気系統の配線はむき出しだ。そしてとがった排気音がする。いったい何人のオーナーをわたってきたバイクなのかと思う。

排気量は一〇〇CC前後。この土地でもっとも普及しているタイプだ。馬力はある。たとえば米を詰めた一つ四〇キロの南京袋なら、足置きスペースとシート後部にのせれば、山道でも二つは運べる。体重の軽い子どもなら、三人乗りも楽々である(↓写真・右)。

少年のバイク通学は、山村では黙認されている。数キロにわたる山道を、子どもたちに、できれば歩かせたくないからだ(↓写真・左)。もっとも、誰でも運転してよいという訳ではないらしい。

少々観察してみると、ここの子どもたちは、家事、農作業、農耕儀礼を、ムリのない範囲で手伝っている。この経験を通して彼らは、家族や村落の一員としての責任感や社会性を、身につけるようだ。

稜線の上から谷あいを見下ろす。山々は険しい土道を隠している。

数年前、高名な人類学者がこんな風に語るのを日本の新聞で読んだ。——社会が物質的に豊かになると、人間が幼いままでいる期間が延びる。腑に落ちる言葉だった。私の感覚では、山村の若者の実年齢に五〜一〇歳を加えると、しっくりとくるからだ。

土地では、一五、六歳の少年でも、山仕事や建築作業のさいに大人と同じように注意深くかつ精力的に動けるなら、世帯どうしで融通しあう男手の一単位として扱われる。そんな少年が付き合いで酒を舐めても、とりわけ問題にされることはない。

中学校に上がったくらいの少女もそうだ。農作業や冠婚葬祭のときに大人に勝るとも劣らない手際を見せられたら、やはり集落内の「結い」で貸し借りしあう女手の一単位として認められる。タイ語の読み書きが達者な少女の中には、長老の意を受けて、町役場との連絡役を担うしっかり者もいる。

ところでここでは、「一人前とは、婚姻する準備の整った者」と考えられている。一人前でも未婚の中年男性が少なくない土地柄とはいえ、村びとの結婚年齢を調べれば、村で一人前と見なされる年齢の、一応の目安がつかめるだろう。夫婦五〇組を聞き取り調査したところ、平均で男性が二〇代後半、女性が一〇代後半。早いほうで男性が一〇代後半、女性が一〇代半ばだった。

この村では、年齢がときに度外視されて、個人の成長段階に応じた責任が与えられているとも言えそうだ。少年のバイク通学が様になって見えるのも、きっとそういうことなのだろうと思った。

黄衣に身を包む青年僧と、手を合わせる子ども(本文とは無関係)。

青年僧

一二月の昼下がり。一台のピックアップ・トラックが、私の寄宿する長老宅の前で停まった。廃品回収だろうか、古びた大型の段ボール箱を二〇くらい積んでいる。

長老一家は焼畑へ出払っていたので私が応対に出ると、黄衣に身を包んだ青年僧が助手席から顔を見せた(↓写真・右)。そして「子育て世帯への支援物資を届けに来ました」と、よく通る声で言った。

すると白シャツ姿の運転手が、ひょいと荷台に上がり、「今から下ろしますよ」と私に合図した。私は、受け取った段ボール箱を、長老宅前の、掘っ建て小屋の中に運んだ。青年僧らは、下ろした六箱を手早く確認すると、次の配達先という隣村へ去っていった。

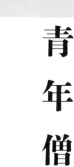

夕方、長老に呼ばれた若い主婦八人が、小屋の地面に広げたブルー・シートの上で箱をひっくりかえした。古着、缶詰、果物、石鹸、歯ブラシ、下熱剤、健胃剤、絵本、鉛筆が出てきた。特売品売り場のような熱気のなか、親戚どうしならではの呼吸で、分配作業は進んだ。

一時間後、古着の山を残したまま、作業は終わった。主婦らは、「こんな薄地じゃ野良着にならない」、「この絵柄は不作法よ」と腐した(↓写真・左)。作業を見守っていた長老は、「残った衣類は、欲しい人が取っ

洗濯物干し場にかかる衣類。村では丈夫で乾きやすい生地が好まれる。

てよいことにしよう」と、彼女らの言葉を引き取った。

翌朝六時、私は、顔を洗いに水場へ行こうと、長老宅の外づけ階段を下りた。すると向かいの小屋の中にいたおかっぱ頭のUが、古着の山から素早く身を引いて、間が悪そうにこちらを見た。Uが古着を選んでいたのを、どうやら邪魔したようだ。Uは小六で、私が随時村で開いている日本語学習会の皆勤者だ。

ちょうど一匹の野良犬がUの傍を通ったので、私は日本語で「ネコ！」ととぼけた。Uは即座に「イヌです！」と日本語で応じた。それから私は、Uの足下にあった黒地のトレーナーを指さし、「それいいね。僕は村のひとじゃないから、もらえないけど」と言った。

朝食後、長老宅でお茶を飲んでいると、Uの母親が訪ねてきた。そして「日本語学習会のお礼」と言って、早生《わせ》ミカンをひと山、私の前に置いた。大きさがふぞろいで表皮も粗っぽいから、近所の庭先にでもなっていたのだろう。私は、遠慮なく食べはじめた。

そこへUが勢いよく入ってきて私を見ると、「あ、お坊さまからいただいたミカン食べてる！」と指差した。そして、ポカンとしている私の手に、例の黒いトレーナーをつかませると、「ほどこし物だからって、着るのを恥ずかしがること、ないよね」と言った。U自身にはもちろん、私にもまたそう諭すかのような口調だった。

トレーナーの背中に目をやると、こわもての中年男（オールバックに髭づら）が、大型バイクにまたがっている絵柄だった。長老からも強くすすめられたため、私はそれをありがたく着ることにした。

ヒモを結びつけられた状態で羽ばたくタマムシ。このあと、林へ返された。

薬草茶

「今いいですか？」。夕方、寄宿する納屋の庭先から、少年Jの声がした。二階にいた私は「どうぞ！」と返してから、手に持っていた未開封のウイスキー・ボトルを、テントの中に押しこんだ。

こんなマネをするのは、ここのプロテスタント集落に、飲酒の習慣がないからだ。ふだんから「数年前に断酒」と吹聴している手前、いただきものとはいえ、ボトルを握りしめていたらきまりが悪い。

Tシャツに短パン姿の兄弟が、駆け上がってきた。Jは九歳、Cは四歳。二人の両親は「しつけに厳しい」と村で有名だ。Cは、ヒモをくくりつけたタマムシを手に提げてご機嫌だった（→写真・右）。

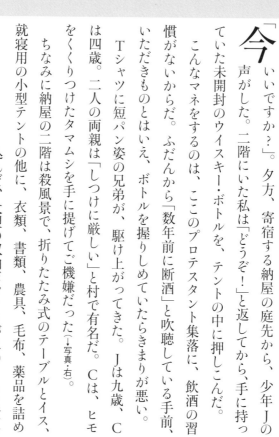

ちなみに納屋の二階は殺風景で、折りたたみ式のテーブルとイス、就寝用の小型テントの他に、衣類、書類、農具、毛布、薬品を詰め込んだ、大型の収納ボックスが二〇くらい積んである。突き上げ窓からは、屋外にいるかのような、分厚い風が吹きこんでくる。

私がテーブルにつくと、Jは、私のそばまでやってきて、肩かけかばんから小鳥の死骸を一つ取り出した（→写真・左）。ムシクイのなかまだろうか。ぱちんこ（二股の枝木に張ったゴムで小石を飛ば

ぱちんこで撃たれたオリーブ色の野鳥。野鳥の肉は、村びとにとって貴重なタンパク源。

す器具）で今しがた撃ち落としたのを、見せに来たという。

私は、テーブルの上にムシクイをのせてから、羽先をつまんで、オリーブ色の風切羽を扇のように開いた。Cは私の膝の上によじ上り、その様子を眺めた。「これはお前が食べていいぞ」と、Jが弟に向かって言うと、Cはムシクイを手にとって誇らしげに兄を見上げた。

ここでは、年長の子どもの、そんな面目躍如たる場面によく居合わせる。たとえばこうだ。年長の子どもは、年少の子どもが転んでケガをしたら薬草をつけてやり、泣いていたらおぶってやる。また、虫や魚の取り方を教えてやり、木の上から木の実を振り落としてやる。そして年少の子どもは、自分が年長の立場になったら、今度は年下の子どもに対して同じようにする。この種の慣習が、村の一体感醸成につながっているように見える。

興奮気味のCは、ムシクイを兄に預けると、あれよあれよという間に、私のテントに入り込んで、寝袋の上で転がった。しばらくしてCは、寝袋の中で見つけたウイスキー・ボトルを握りしめて出てきた。そして「これ何？」と訊いた。Jは、私に目で合図してから「薬草茶だよ」と言った。「父さんがふもと町の葬式に出たとき、もらって帰ってきたよ。毎晩少しずつ飲んでた」と続けた。私はJの機転に応えるべく、「お父さんに進呈するよ、薬草茶」と言って、ボトルをJに渡した。般若湯みたいなものかと私は思った。

その晩、納屋のはす向かいに立つJの家からは、家族で歌う讃美歌と、楽しそうな笑い声が聞こえてきた。

ハイビスカスのなかま(12月)。葉の少なくなる3月、無数のセミがこの枝木に集まる。

セミ取り

乾季さなかの三月。ここの落葉林には、キナ臭い風が絶えず吹いている。かれこれ三カ月以上、まとまった雨が降っていない。野焼きの火が森の地面を焦がし、薄い煙が枯れ木の根元から上がっている。一五時になると、気温は三八度。ほこりっぽい集落は、激しい蝉しぐれに見舞われる。

そんな午後、小四のRが、私の寄宿する納屋へ来て、「セミ取りに行こうよ。素揚げにすると美味しいから!」と言った。Rは、長さ二メートルの細い竹竿を握っている。竿の先に塗られた接着剤が、鳥モチの役割を果たす。一昔前までは、粘着力の強い樹液が使われていたらしい。私は、Rに付いていった。

高床式家屋の並ぶT字路へ着くと、セミの鳴き声がぶ厚くなった。節のない高音が、何百何千と重なっているのだ。

竿を構えた子ども七、八人が、細木のまわりに群がっていた。木の丈は三メートルで、葉は少ない。ハイビスカスのなかまだという(↑写真・右)。ツクツクボウシに似た体長四センチのセミが、どの枝にもびっしりと付いている。ちなみに日が暮れると、これに似たヒスイ色のセミが、ロウソクの灯などに寄ってくることがある(↑写真・左)。

子どもたちは、セミの羽に竹竿の先を押しつけて捕まえる。五歳

夜、ロウソクの灯に誘われて飛び込んできたヒスイ色のセミ。

の子どもでも楽しめる。接着剤に貼りついたセミは、指先でつまみ取り、その羽をむしる。そして容量一・五リットルの空ペットボトルの中へ押し込む。ボトル上部には切れ込みが入っている。

三〇分でボトル半分の量が採れた。Rはボトルを自宅へ持って帰り、炉端でさっそく調理にかかった。炉に薪をくべ火をおこしたら中華鍋を置き、そこに大豆油をたっぷりと注ぎ熱してからセミを投入。脚をもいで水洗いしてから揚げる家もあるらしい。味付けは塩とアジノモトだ。かじったときの食感は、川エビの素揚げと似ている。子どものおやつにちょうどよい。

この時季、山の中を歩いていると、数万のセミの鳴き声に、四方を塞がれることがある。そこに長居するとバランス感覚を失いそうになるので、耳を手で覆って逃げ出す。そのときは口をしっかり結び、目はなるべくつぶる。セミからの落下物が霧雨のように降っているからだ。マスクやサングラスがあれば、なおよい。

セミの揚げ物が目の前に出された。山盛りだ。実際のところ私は、子どもの時分に食べつけなかったものに親しみを感じられない、ヤワなたちだ。でも、「限られた体験に縛られたらもったいない」と思うから、はじめは少々抵抗のある食材でも、進んで試している。

「セミは大好物！」と私が調子に乗って言うと、「いかにもムリしている感じが出ているよ」と、Rから返ってきた。

バナナの葉とブーゲンビリアの花で飾られた灯ろう。

ローイ・クラトン

二月の満月の夜、灯ろう流し「ローイ・クラトン」が催される。旧正月「ソンクラーン」(四月)と並ぶ、大きな年中行事だ。

バナナの葉で装飾した茶碗大の舟に、火を灯したロウソクや線香花火を立て、それを川に流す。旅行雑誌では、見目うるわしい男女が、光に彩られた河畔にたたずむ様子などがよく紹介される。

他方、私の出入りする山岳少数民族山村では、組織立った灯ろう流しは行なわれない。山村文化に根ざすものではないからだろう。

当日、山村でこの行事を担うのは小学生だ。子どもたちは小学校で、定番の歌謡「ローイ・クラトン」を習って合唱し、また中華麺などハレの昼食にあずかる。そして帰りがけに先生から、花火やロウソクが配られ、「晩に灯ろう流しを行なおう」と勧められる。

その夕方、小学生らが私を呼びにきた。引っ張って行かれた作業小屋では、子ども七、八人が、広い作業台で灯ろう作りをはじめていた。作業台の天板の大きさは畳一枚分で、高さは七〇センチ。

まずバナナの幹を輪切りにする。一切れの大きさは直径一五センチ、厚さ三センチ。これを土台にして、ブーゲンビリアの花やバナナの葉で飾り、ロウソクと花火を挿したら仕上がりだ(↓写真・右)。

工作風景の写真を数枚撮ったら引き上げるつもりでいたものの、

川面で輝く灯ろう。滑らかに進むものもあれば、川床の小石につかえるものもある。

少々勝手が違った。私の目の前で、六歳の少年が、バナナの幹に山刀を当て渾身の力で輪切りにし、台の上に登った二歳の子どもがその様子を食い入るように見ている。私は、子どものそばで目配りするよう、近所の村びとに声をかけた。でも、「年長の子どもがいれば大丈夫。痛みを知れば、次から注意するよ」と、返ってきた。

やっと工作が終わると、子どもたちは灯ろうを作業台の上に並べた。一〇歳の子どもが、「あとは、辺りが暗くなったら、村はずれの、林道と小川が交差する地点に集まろう」と言った。

夕食後、迎えにきた子ども三人と、小屋に寄って灯ろうを取ってから集合場所へ行った。こんもりとした林の中を、乾季特有の弱々しい小川が流れていた。でも所々に淵があるし、ヘビも出る。

三歳から一二歳までの一〇人が、すでに小川の中にいた。大人の姿はない。子どもたちはサンダル履きで、懐中電灯は二人に一つだろうか。私は長靴を履き、ヘッド・ランプを装着している。

子どもたちは各自、ロウソクや花火にライターで点火してから、川面に灯ろうを置き、そっと放した(↓写真・左)。うまく流れに乗れば歓声をあげて追いかけ、浅瀬に乗り上げたらそれを救出した。

私は、子どもたちの注意を喚起すべく川に入った。そして「川床に足を取られないように」と世話を焼きながら、子どもたちのあいだを駆けまわった。旅行雑誌のそれとは似つかぬ光景だった。

【エッセーの背景❺】

子どもの「好きな食べもの」ランキング

◉エッセー「青年僧」で触れましたが、私は、村の子ども対象の日本語教室を、長老宅などで随時開いています。集まった子どもたちには、まず、「聞いたことのある日本語」を尋ねます。すると「ドラえもん、ピカチュー、アジノモト、トヨタ」などと返ってきます。「意外と知っているものだね！」と子どもたちは顔を見合わせます。どれも山村にすっかり定着しています。

つぎに「覚えたい日本語」を訊きます。関心のある内容の方が、子どもたちの集中力が続くからです。たとえば、こんな単語が挙がります。こめ、とうがらし、とうもろこし、いも、さかな、たまご、いぬ、ねこ、にわとり、ぶた。これらの単語を声に出して練習します。わずかな時間でそらんじる子どももいます。

◉そんなやり取りの中で、好きな食べ物や料理が、話題になったことがあります。わきあがった歓声の大きさを判断基準にして、結果をランキングの形でまとめますと、次の通りです。第五位・いわしのトマト煮缶のトウガラシ和え、第四位・粥料理、第三位・炒り玉子、第二位・鶏肉入りスープ、第一位・豚肉の素揚げ。

豚肉や鶏肉が山村では高価です。第一位と第二位には、「肉を存分に食べたい」気持ちが表れていそうです。他方、第三位から第五位までは、好物というより、口に入る頻度が高いもののようです。

◉また、教室では、日本の空港ターミナルの土産店で売られているような市販の和菓子を、みんなで味見することがあります。

人気の高い和菓子は何でしょうか。先と同じ方法でまとめますと、第三位・カステラ、第二位・どらやき、第一位・練りようかん、でした。腹持ちの良さが、結果に反映されているようです。ちなみに、子どもたちのふだんのおやつは、庭先でもいだマンゴー、焼きトウモロコシ、揚げ餅、揚げバナナ、炒った木の実などです。

◉ところで、教室の中で高級練りようかんを試食したときはこうでした。子どもを取りまとめる役の一三歳の少年Nが、美しい木箱をゆっくりと開け、頑丈に包装された棒状のようかんを取り出しました。そして包装の封を山刀で切って中味を半分ほど出してから、興味津々の子どもたちに、それを仰々しく見せました。私は目を細めてそれを見ていました。

ところがNが、チョコ・バーでもかじるみたいにそれにかぶりついたので、私は思わず声を失いました。歯型のついたようかんは、隣の子どもへと順番にまわされ、大きな歓声が次々に巻き起こっていきます。咀嚼を終えて飲み込んだNは、「お腹にドスンとくる味だね！」と叫びました。

6

〈恋人たちは考える〉

……規範と自由のはざま……

密林の恋

一時帰国中のことだ。せまい仕事場の窓から新宿の高層ビル群をふと眺める。すると街全体が、換気扇のついていない部屋のように錯覚されることがある。建造物に囲まれた場所だと、空気がどうも使い回されているような気がするからだ。

一方、北タイの山奥に戻って、村はずれの峠や焼畑から辺りを見渡す。高木の密生する山並みがどこまでも続く(↓写真・右)。日射しの加減で、山肌は所々で白っぽかったり黒っぽかったりする(↓写真・左)。空気を吸い込むと、酸素が体内に溶け込んでくるのがわかる。

──以前なら、そんな深呼吸ができた。でも最近はそうもいかない。なるほど都会から来た部外者にしてみれば、密林での仮り住まいは、ふだんの人工的な暮らしから離れて、リフレッシュするのに都合がよい。でも土地に根ざす村びとにしてみたらどうか。森林浴や大げさな深呼吸を習慣にしている村びとを、ここでは見かけない。

密林がそれまでと違って見えてきたのには、きっかけがある。数年前、近くの山村に住む友人二人が、相次いで自死した。ともに独身だった。この手の事件は集落のタブーだ。でも村の中年男たちが酔いにまかせて口走るのを、私は聞いた。一人とも失恋を苦にして、一人は立ち木に縄をかけ、もう一人は猟銃で命を絶ったらしい。

高木の密生する山並み。標高1200メートル。

これを境に私は、密林の上辺を静物画のように愛でていないで、密林の中へ時には立ち入ろう、と決めた。

意外にも、若者の一人が、小声で話してくれた。

自死の二件と直接関係はないものの、「両親から許しが得られても、集落が承認しない婚姻は不可」という山村もある。村の慣習に横やりを入れかねないヨソ者の転入を阻止するためだ。村の娘と、村外の異教の男との恋仲はとりわけうとまれる。これには然るべき理由がある。そもそも山村には、人手、資金、技術が充分にない。その上で昔ながらの宗教儀式、農作業、家屋建築、道普請、灌漑工事を満足に行なうには、村びとどうしの固い結束が不可欠なのだ。

集落からの不承認に従わなければ、当人たちはもちろん、その親兄弟までが、何らかの制裁を受けかねない。里山への出入りを禁じられ、また村神をいただく成員組織から外されるかもしれない。

だから、勢いに任せての駆け落ちもできない。あらがうなら、婚約を解消したあとで、村からひっそりと退出するまでだ。でも耕作地を放棄してよそに移るのはむずかしい。思い切ってふもと町へ出ようにも、そこで通用する主要民族語の北タイ語が不得意だ。

こんな込み入った話を聞くと、壮大な密林を眺めていても、思いがけず胸がふさがることがある。「悲恋などハナからない」と、密林がシラを切っているようにも見えるからだ。

光の加減で、緑色の山肌に濃淡が出る。

ミドル・エイジ

この集落では、三〇代半ば過ぎの独身男性が、ある種の存在感を放っている。好きこのんで独身でいる訳ではない。人柄や見かけはおよそ申し分ない。でも年頃の女性と知り合う機会が少ないのだ。しかも村で「嫁取りの気概のある男」と見なされるには、農作業に熱意を見せ、しかも酒や煙草を控えなければならない。

居候の私は、ぜいたく品の酒や煙草を村内で口にすべきでないと思っている。とはいえ、「婚期をほぼ逸した」と自認する村の男たちからすれば、四〇代で独身の私は、彼らの先輩株らしい。夕方になると「油をさそう」というスラングで彼らから誘いがかかる。以前はよく顔を出した。「油」というのはアルコール度数三五度の安酒で、町の食料雑貨店で入手できる。匂いにクセがある。

彼らはまずもって、飲み方が不器用だ。たとえば集落から徒歩五分の作業小屋で小宴を催す（↓写真・右）。集落の近辺で村びとの目が届かないところなんてないから、小屋内の様子は外に筒抜けだ。そこへゆくと前途ある若者らは周到だ。悪評を立てられたらかなわないので、集落から三、四キロ離れた森の奥まった所とかを会場とする。

煙草をくゆらせているのも後輩たちだ。こう支度する。――庭先でちぎったバナナの枯れ葉を膝の上へ広げる。ズボンのポケットか

集落近くの作業小屋の内部。屋根はトタンで葺いてある。

ら刻みたばこ（乾燥した葉たばこの細切り）の小袋を取り出し、好みの量をバナナ葉の上にのせる。砕いたタマリンドの殻をそこに降りかけ風味づけにする。そして吸い口の方がやや細くなるように巻く。味は深い。ちなみに紙巻煙草は高価だから、彼らは口にしない。

ソツのない村びとなら、酒盛りのあとは寝床に引っ込む。しかし我らがミドル・エイジはそんなケチな振る舞いはしない。たとえば私と同年代のG。農閑期なら朝から赤ら顔だ。シラフのときの押しの弱さが、このときとばかりに逆へ振れるのだろう。村びとが車座になったたき火のそばまでわざわざ出向いて、リクエストもないのにナツメロを歌い、オチのない話をし、見当外れの相槌を打つ。村の女性たちからの評判は、言わずもがなである。

「Gらとの付き合いを控えたら」と、村の長老から遠回しに注意されたこともある。でも私は、判官びいきというか、後輩らの会合をおろそかにしなかった。おかげで私まで酒飲みと陰口を叩かれた。

ところで幸いなことに、Gらには檜舞台が用意されている。たとえば冠婚葬祭や土木工事で助っ人を務めるときだ。彼らはフットワークが軽く、また村びとに対しマメで献身的でもある。荷運び、道具の整理、賄い、獲物の解体を進んで引き受ける（↓写真・左）。そして、助っ人の仕事が済めばいよいよ、お約束の酒が依頼主から振る舞われる。人前で堂々と飲む彼らの表情は、いつになく誇らしい。

猟銃で仕留められた小鹿。ミドル・エイジが解体を手伝う。

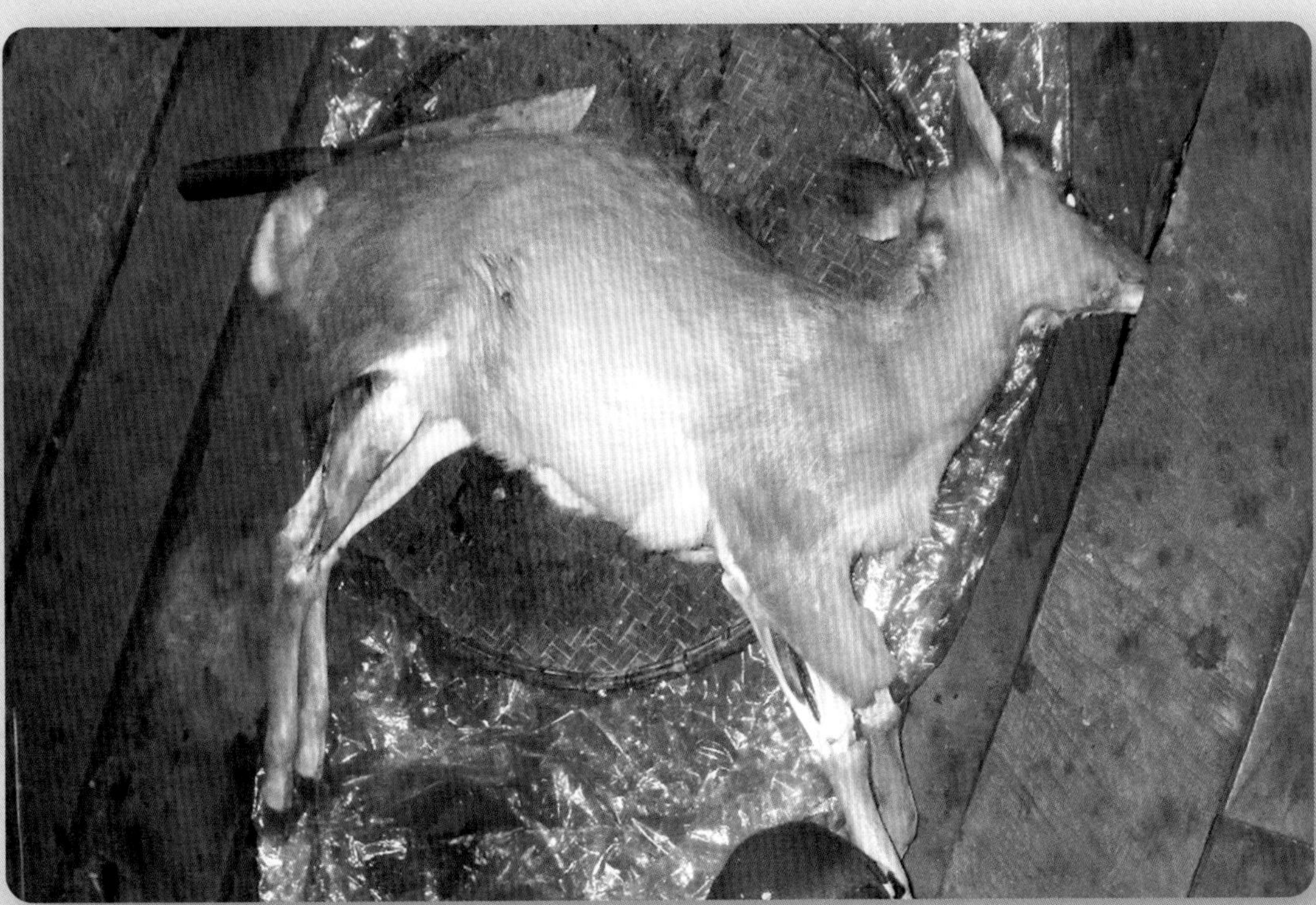

主婦の手際

四月のとある正午、寄宿先のトイレで水浴びをしていたときだ。おもてからただならぬイヌの悲鳴が聞こえた。私は、握っていた手桶を足元の金ダライに戻し、ひとまず短パンをはいた。そしてビーチサンダルを突っかけてから、寄宿先前の細いコンクリート舗装道路へ飛び出した。すると一〇〇メートルほど離れた急坂の下あたりで、数人の村びとが集まっているのが見えた。

駆け寄っていくと、後頭部からひどく出血した初老の男性が、両肩を村びとに支えられながら、地べたに足を投げ出した格好で、座っていた。目をつぶったまま、重たい唸り声を上げている。男性に呼びかけても、返事はない。

男性のすぐ後ろに、直径二〇センチの血だまりがあった。かたわらには、前輪のゆがんだ旧式の自転車が倒れている。男性の漕いでいた自転車が、道を横切った野良イヌと衝突したという（→写真・右／左）。一人の若い主婦が、手を真っ赤に染めて、男性の後頭部にバスタオルを当てている。男性に話しかけても、相変わらず応答はない。主婦は、近くにいた少年に「夫を呼んできて、すぐに！」と叫んだ。

私は、大判のガーゼと厚地の包帯を寄宿先から大急ぎで取ってきて、応急処置をほどこした。頭のキズは三センチ。この間、男性は

村内のイヌ ①
道脇で、子犬にお乳を与える母犬（衝突したイヌとは別）。

二度嘔吐した。主婦は、男性の背中をさすりながら「大丈夫よ、大丈夫よ」と声をかけた。

夫が駆けつけると、主婦は、ふもと町の病院まで男性をただちに下ろすよう言った。頭蓋骨骨折や脳挫傷の恐れもある。夫は、所有する旧式ピックアップを走って取りに戻った。そして夫の運転するピックアップは、男性と主婦を荷台に乗せて、山を下りた。

――二晩入院したあと、男性は村に戻ってきた。

その晩、頭部に包帯を巻いた男性と、男性を介抱した主婦とその夫が、私の寄宿先を訪ねてきた。主婦は「石頭だったようで、特に異常はないそうです」と頭を下げる。包帯の男性は、自転車のブレーキ故障や、衝突時の空中一回転について、身振りを交えて話した。主婦は、男性の姪で一六歳。町の中学校を卒業後、今年夫と所帯を持った。夫は、村を開いた大長老(故人)の孫で、三〇歳。

ここでは、いわゆる事実婚が多い。村の慣習法に基づく結びつきで事が足りるため、役所への届け出を割愛する夫婦が少なくないからだ。未成年でも、農作業や家事の手際が一人前と村で見なされるなら、同じ慣習法のもとで婚姻が許される。

主婦は伯父に言った。「いい歳をして、慣れない自転車に乗るからですよ」。男性は、自分の後頭部を撫でながら、「すまん。しっかり者の姪を持って、ホント助かったよ」と言った。私は深くうなずいて、それに同意した。

村内のイヌ②
道を歩くイヌ(衝突したイヌとは別)。

町の女

中高生のような若い世代でも、慣習的に、恋人の存在をオープンにできない山村もある。そんな土地では、カップルで食事に出かけたり、眺めのよいところで並んで座ったり、花火を見ながら手をつないだり、なんていう光景は見られない。

恋人の存在が村で明るみに出るのはふつう、二人の婚約話がまとまったあとだ。なるほど、自分たちの慣習を大事にする少数民族集団が、恋愛についても昔ながらの作法を重んじるのは分かる。でも若者にはちょっと窮屈なんじゃないかという気もする。

そんな矢先、村の若者たちの恋愛模様を垣間見る機会があった。一〇月のとある日、私は、村の仲間三人とピックアップでふもとの町へ下りた。村内の排水路改修用のセメントや砂利を調達するためだ。そして用事を済ませた夕方、彼らを安食堂へ誘った(↓写真・右)。

三人とも家業の焼畑耕作を手伝いながら、自分らしい生き方を模索している。B(二五歳)は通信制大学で会計を学ぶ。その従弟P(二七歳)は、所有するピックアップで農産物の運送にいそしむ。そしてPの妹G(一七歳)は、村に伝わる詩歌の聞き書きに励む。

駄菓子屋を兼ねる安食堂を外から見た様子(右奥が食堂)。

通りに面したテーブル席につくと、私たちは米粉麺とライスを注文した(↓写真・左)。Bは、スマホをチェックしたあとで、村びとが蜜蜂に刺されたとか、山刀を失くしたとか、他愛のない話をした。

ひとしきり食べたあと、Bが、スマホの画面から顔を上げ、「ちょっと中座してよいか」と訊いた。皆がうなずくと、Bは、「面倒だなあ」とつぶやいてから、食堂の自転車を借りて出ていった。Pはニヤけ顔で「町の女だな。甘い雰囲気だね!」と言った。

しばらくしてPの携帯電話が鳴り、Bから「女子が二人いるから、お前も来い」という内容の電話があった。助太刀するよう私が背中を押すと、Pは食堂のバイクを借りて飛び出していった。

食堂に残されたGと私は、タイ風焼売《シューマイ》を追加。私が「女性の友だちが町にいるなんて頼もしい」と感心していると、Gは「他民族の女性が相手なら、村内でとやかく言われませんからね」と言った。

Gは続けた。「私たちはふつう、同じ民族どうしで結婚します。それまでは異性と広く浅く付き合います。気に入っても手に触れるくらい。異性の友人たちを数年間よく観察し、それから特定の相手を決めます」。私は、「窮屈」というのとは少々違うなと思った。

二人は一時間足らずで戻った。「通信制大学のスクーリングで知り合った友人たちです」とBは話した。期待外れの開けっぴろげな会合だったらしく、拍子抜けしたような表情だ。他方Pは、会合を堪能したと見えて、すっかり日も暮れたのにサングラスをかけていた。Gは、二人の中座について何も触れず、また別の話をした。

豚肉入りの米粉麺。ニンニクが効いている。

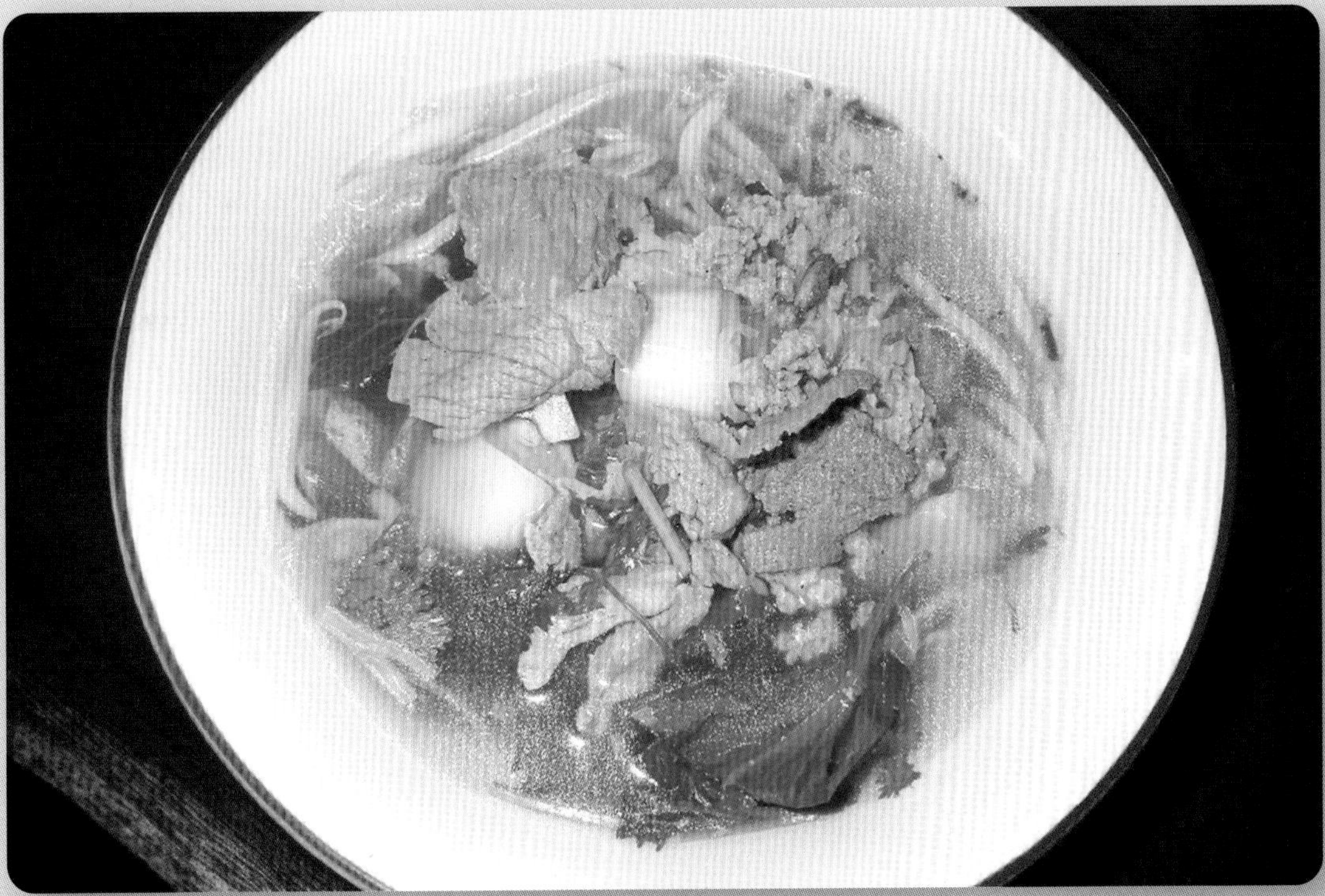

棚田の亭主

三月のとある夕方、山村の入口に立つマメ科の高木「マッカム」の木蔭に、一台のピックアップ・トラックが停まった。そしてふもと町の花卉《かき》農家へ日雇いに出ていた六人の主婦が、荷台から下りた。

その中にIさんもいた。Iさんは、道端で煙草をくゆらせている小柄の夫を見つけると、「あんた、スイギュウ、もうつないだの?」と、はっきりした口調で訊いた。夫は「いま行くところだよ」とぼそりと言ってから、棚田へ通じる小道を下っていった。

集落の東側を、乾季でも水量の豊かな小川が流れ、その対岸に控える山々の中腹には、棚田が広がる(↓写真・右)。この時季、田んぼは涸れて地割れし、あぜ道ではトゲのある多年草が幅をきかせている。

Iさんは、道端の水場で長靴を洗っていた私の方へやって来て、「うちの亭主、むかしはイキが良かったんだけどね」と言った。Iさんは、四五歳。整った顔立ちで、頑丈そうな体格。

夫は、五〇歳を過ぎて体調を崩し、野良仕事の現役を退いた。ここではそれが早い隠居とは言えない。一三、四歳から力自慢で肉体を酷使してくれれば、そういうものだろう。

乾季の棚田。稲刈り後に残る根株を食むスイギュウ。

Ｉさんは一〇代半ばに、三〇代後半の夫と所帯を持って以来、水稲や野菜の栽培をなりわいとし、自給自足的な生活を営んできた。娘三人に息子一人。末娘をのぞく三人は成人し、ふもとの町で家庭を持っている。孫は三人。幼稚園に通う末娘は五歳で、次女の娘よりも若い。ちなみにこの辺りでは、一組の夫婦の、その子ども世代と孫世代とが、年齢的に重なることはままある。

Ｉさんは、「いまは私が稼ぎ頭なのよ」と胸を張った。農閑期には現金収入を得るため、毎朝七時に迎えにくるピックアップで、町の花卉農家や果樹園へ手伝いにいく。一日の報酬は二五〇バーツ。

「一〇代で結婚したのはなぜ？　御両親に決められたから？」と、私は不躾な質問をした。するとＩさんは「早く結婚しないと、相手が歳を取るからよ」と、さっぱりと言った。「私の実家は庄屋で、農繁期になると、彼が野良仕事を手伝いに来たの。彼はまじめで、人の二、三倍働いた。それで私が、彼を選んだというわけ」。

Ｉさんは、おかしそうに付け加えた。「身分証によると、私の年齢は四二歳。父が、私の弟と取り違えて役場へ申告したの。私がおぶって世話した三歳下の弟が、公的には四五歳で私の兄なのよ」（↓写真・左）。一昔前まではこの種の手違いがまれにあったらしい。

そこへ、細長い枯れ枝を杖にした夫が戻ってきて、「スイギュウ、つないできたよ」と言った。Ｉさんは軽くうなずいた。感謝の言葉を頻繁に取りかわす習慣のない土地では、この相槌が、ねぎらいの合図なのだろうと私は思った。

弟の子守りをする小学生の姉（Gさんが暮らす村とはまた別の村にて）。

婿入り婚

精霊信仰に熱心な村で、婚礼の準備を手伝ったことがある。婿が嫁の家に入る「婿入り婚」だった。豪華な衣装や調度品は出てこなかったものの、三日三晩、村びと総出で催された。

主な会場は、新婦宅の広間。板張りの床に新調されたゴザ。小一時間を要する儀礼が、そこで一日に二、三回とりおこなわれる。

一回の儀礼はこうだ。男たち数十人が、新郎新婦に正対して、ところ狭しとあぐらをかく。新郎の手もとには、神酒の入った、使い古しのウイスキー・ボトル数本が並ぶ。まず酒の注がれた陶製の御猪口を手にした古老が、広間の隅でかがみ、そこへ酒を垂らしつつ祈禱。御猪口に残った酒は新郎があおる。ついで新郎が、七、八個のショット・グラス(↓写真・右)に酒を注ぎ、それを面々に振る舞っていく。一人につき五、六杯だろうか。そして所定の量が行き渡ったら、残りの酒を茶碗に注ぎ、それをみなで回し飲んで締めくくる。

古老によれば、「儀礼には、子孫繁栄、五穀豊穣、一致団結の意味合いが込められている」という。もっとも、今回私が関心を持ったのは、儀礼の内容というより、もっと表面的なものだった。ふだん節酒を旨とする男たちが、黙々と神酒をあおり、酩酊したことだ。

ちなみにここで言う神酒とは、新婦をはじめ村の女性たちが手づ

新郎は、7、8個のショット・グラスを使いまわし、神酒を振る舞う。

くりした、アルコール度数三〇度の米焼酎だ。儀礼用の特別な神酒に限り、その自家醸造が関係当局から黙認されているようだ。

儀礼の合間にも男たちは、広間や炉端で、新郎を囲んで飲み食いする。新郎は、酔いと緊張で初日からやつれ気味だ。若者たちはドラ、太鼓、縦笛を鳴らし、年長者は伝承歌を唱える。庭先では中年男性らがバケツで水をかけ合う。私も避けきれずに浴びた（↓写真・左）。

やはり水をかぶった赤ら顔の古老が言った。「新郎、はやくヤリたそうだな」。ふだんお堅い古老があけすけに言うので、私は驚いた。ちなみに村には「授かり婚」もある。掟破りだと糾弾する声が上がるものの、二人が所帯を構えるなら「いいあんばい」で収束する。

私は、酩酊した男たちが婚礼をほぼ独占し、新婦の存在感が希薄に見える理由を、古老に訊いた。古老は、「婚礼は、よそ者を村の成員に加える手続きだ。滞りなく進めるには、みなで酩酊した上で、精霊との調和を実感する必要がある」と語った。そして加えた。「新婦とその家族から見れば、婚礼は、働き盛りの男手を得た祝いでもある。婚礼をショーにたとえれば、その興行主は新婦なのだ」。

最後に気がかりなのは、新郎新婦が初めてともに過ごす夜のことだろうか。中日の晩だ。新婦の頬が温かみを帯びる一方、新郎は疲労困憊。寝室の扉の前に陣取った男たちは、「あいつヤバそうだな」と笑いながら、「邪気退散」などと称して、夜更けまで酒をあおる。

バケツの水を頭から浴びた瞬間。

片想い

焼畑からの帰り道だ。私は、もぎたてのナスやインゲンの入った布かばんを肩から提げて、勾配のある林道を下ってきた。

森が途切れ、集落近くの納屋にさしかかったとき、そこの軒先で煙草をくゆらせているNの姿が見えた。四七歳独身。Nは、手先でかたどった御猪口をグイとあおる仕草をした。酒席への誘いだ。

ここは精霊信仰の村で、飲酒の習慣がある。定番は、アルコール度数三五度の安酒だ。とはいえ、酒類が集落内で公然と販売されることはない。節酒をむねとする長老や主婦らが、それを許さないからだ。だから村内で酒席を設けるには、それなりに手間がかかる。

少々の農具が保管されているほこりっぽい納屋の中では、独身男性三人が、ミネラル・ウォーターのペットボトル一本を囲み車座になっていた。ペットボトルには、酒ビンから詰め替えられた焼酎が入っている。Nが、隣村の売店で調達し、それを腰ベルトに挿して持ち帰ったらしい。私は、ナスとインゲンを酒の肴に提供した。

やはり盛り上がるのは、異性の話題だ。既婚者の昔の恋人、隣村の姐御、小学校の女性教員、ふもと町の雑貨屋の店番。

やがて皆が赤ら顔になると、部外者の私がいるのも忘れて、村の内情が語られる。長老らの序列、若者の失恋、古老の出自、村び

風に揺れるココ椰子の葉。樹高は20メートル。

とが保有する銃器類の話だ。

　ペットボトル一本は一時間あまりで尽き、同じ話の繰り返しがはじまる。それを見はからって私は席を立つ。納屋の外へ出ると、Nが、ココ椰子の木蔭に座り、煙草をふかしていた（↓写真・右）。

「一服どうだ」とNは、吸っていた煙草を私に差し出した。葉たばこの細切りを、バナナの枯れ葉で手巻きしたものだ。一口吸い込んでからNに返した。ちなみに手巻きたばこは、紙巻き煙草よりも温もりのある味がする。Nは言った。「ところで、ほろ酔いになるとよみがえってくる、ヘンな夢があるんだよ」。四、五年前に、焼畑の作業小屋でうたた寝をしていたときに見たらしい。

――森林保護官なのか、濃緑色の制服を身にまとった女性が、突然目の前に現れた。薄紅をひいた頬に、輝く黒髪。銀色のロケットが襟元から覗いている。打ち解けた口ぶりだった。

　これが一部始終らしい。女性の名前も話の内容も憶えていない。「ちょっと神がかっているから、村びとには話せない。『精霊の禁忌に触れた』とか、マジで怖がられるから」と、Nは首をすくめた。

　古代の「恋の歌」みたいだと私は思った。でも披露できるネタの持ち合わせがなかった。「想いを寄せる人なんだね」と私が訊くと、Nは、小さくうなずいてから「片想いだよ。禁忌でもいいから会いたいものだ」と言った。Nの足元で、蝶が戯れていた（↓写真・左）。


納屋のそばで戯れる蝶。数種類の蝶が飛び交っていた。

【エッセーの背景❻】

われらが中年男性は「婚期」をなぜ逃したのか

◉エッセー「ミドル・エイジ」に登場した、山村の中年男性について、もう少し話を続けたいと思います。

今回私は、同じ境遇のよしみで、「婚期」を逃した理由について、彼らに直接訊いてみました。ちなみにここで言う「婚期」は、当人たちの認識に基づくものではなく、土地の長老らが語る慣習的なものです。男性については「一八歳から三五歳くらい」とのことです。

◉私の仲間七人から得られた回答は、次の二つにまとめられます。

① 進学や就職を機に村外へ出る女性が増えてきた。そのため、村内で適齢の女性にアプローチできる機会が減った。② 生活や教育の水準を維持するのに、以前より多くの金銭が必要になってきた。それに伴い、「強い身体と鍬一丁で一家を養う」という従来型の将来設計が、若い女性の理解を得られにくくなった。

私はうなずきました。近年、いやおうなく押し寄せる市場経済化の波を受けて、山村の社会や文化が劇的に変化しているからです。

◉このさい私は、村外からもたらされるその種の原因を踏まえた上で、さらに同輩たちに、「婚期」の逸失につながりやすい村独自の事情についても尋ねてみました。

つぎの三つの話が印象に残りました。

㊀ 挽回の容易でない集落内での評価…村の子どもは、年長者から、「農作業での勤勉」や「村落共同体への献身」を教えられます。将来を担う世代に、奮起をうながす慣習の一つでしょう。この慣習のもとで集落から「甲斐性なし」の評価が下されると、それを挽回するのに時間がかかります。その間にも、婚期は過ぎてゆきます。

㊁ 体面を重んじる文化…狭い村内では、若者の色恋沙汰がまれに筒抜けになることがあります。話が首尾よく進まなかった場合、ちまたでの励ましや哀れみの対象になります。このとき当人が恥も外聞もなく嘆くのは、村のしきたりに反します。大きくしくじるのを恐れ、事を慎重に運ぶうちに、婚期は消化されていきます。

㊂「男たる者」という意識…開村から三世代下の時代に入り、農地の細分化が進むと、条件のよい農地の相続はむずかしくなります。ちなみに村では男女ともに重要な働き手ですが、「男が一家の農作業を取り仕切る」というタイプの男性もいます。そんな男性の場合、しかるべき農地を確保してから所帯を持つ準備を進めますが、そのときはもう婚期の残りが多くはありません。

7

〈訪問者は体験する〉

……山村への加入儀礼……

火入れを待つ農地。切り口の鋭い丸木や枝木が折り重なっている。

灼熱の里山

ここにも里山がある。村びとはそこで山菜や木の実を採り、鳥獣を狩り、薪を集める。雨季は下草が密生するので近寄りがたい。でも乾季なら、木々の葉はおおかた落ち、下草は萎え、陽の光が地面まで差しこむから、土地勘のない私でも簡単に入り込める。

とある春の朝、そんな空気に誘われ、寝泊まりする納屋の裏山に入った。デイパックには、水筒、カメラ、ICレコーダー。

ほどなく標高六〇〇メートルの尾根線へ出て、そこからミャンマーの山々を見晴るかす。鼻歌を唄ったり、地面に積もった落ち葉を蹴ったりしながら、尾根筋をたどった。

ときおり背後で、地面の枯れ葉が踏まれたような気配を感じる。高木の枝から離れた大葉が着地した音だ。でも小心者の私は、そのつど身構えて、まれに出るという「クマかトラか」と振り返る。

この日の目的は、野鳥のさえずりを録音することだ。

帽子を枝葉で擬装し、樹上の野鳥に集音マイクを向け、その近くで待機する。特徴のある音声データが採れたら、あとで村の長老に聴いてもらい、その野鳥にまつわる詩歌や民話を教わるのだ。

村びとに道案内を頼まないのは、彼らの発する音をマイクが拾ってしまうからだ。村びとにとって里山は、たとえば、ぱちんこ（小石

私の拾われた現場。左手の茂みに小川が隠れている（雨季に撮影した写真）。

を飛ばす器具）で小鳥を撃ち、また山鉈で松脂を削るところなのだ。

そんな昼下がり、想定外のガレ場へ出た。さえずりを追ううちに、尾根筋から逸れたらしい。遠方の山形を方位の目安にして辺りを駆け回り、下り口を探す。でも決まって岩場や藪に突き当たった。

これを繰り返すうちに、水筒の残りがあと一口となり、ひざの関節は脱水症状で固まりだした。村びとすら踏み込まない、里山の外へ出ているかもしれない。身体じゅうから血の気が引いた。

灼熱の一六時、視界がばっと開け、火入れを待つ農地へ出た（↓写真・右）。樹木や藪の伐採された区画だ。人里までそう遠くないと分かり、おそれは薄らいだ。とはいえ、切り口の鋭い丸木や枝木が、バリケードのように立ちはだかっている。ここを迂回する体力はないし、一息つける日陰もない。私は、切株にへたり込んだ。

しかし、祈るような気持ちで下方の山すそを睨むと、果たして、蛇行する灌木の帯が見える。「小川」。私は、デイパックを地面に投げ、長そでシャツを脱ぎ、タオルを頭に巻いた。そして絡みつく障害物の中へ分け入り、体重にまかせてほとんど転げ落ちた。

放り出された茂みで水牛の足跡を見つけ、それをたどり水場へ出た。泥まじりの流れの中に倒れ込み、熱い身体を冷やした。

――まもなく私は、村びとが組織した捜索隊に拾われた（↓写真・左）。

この日以降、軽いノリで里山に立ち入ったことはない。

山村数カ所の移動中に見られた光景。

ER

タイで初めて病院にかかったときのことだ。

とある晩、背中右上部の吹出物が化膿して痛み、あおむけの姿勢が取れなくなった。滞在先のR村には、日本から来た学生ボランティア一〇数名が、植林作業などを手伝っているところだった。現場を簡単には離れたくなかったから、背中のことは放っておいた。

一週間後、学生らを見送ってから、都市Mに出た。ホテルの洗面所の鏡で右肩甲骨の辺りを見ると、患部は暗い紫色で、伏せた茶碗のように腫れ上がっている。驚いた私は、近くの私立病院に駆け込み、抗生物質のカプセル剤をもらった。

その後、三日ほどかけて山村数カ所をまわってから、都市Mへ戻った(↓写真・右)。でも腫れはいっこうに引かなかった。

翌朝、老舗ホテルのベッドで目覚めると、ついに腫れ物が破れ、水っぽい血がシャツや枕に染みついていた。また別の私立病院へ行った。診察室ですぐに切開することになり、ベッドにうつぶせになった。立ち会った男性看護助手によると、「医師は、棒状の医療器具二本などで腫れ物を左右から強く押さえ、その奥の老廃物をしぼり出した」という。刺し抜かれたような痛みが走った。

翌日、R村に最寄りの町まで戻り、そこの公立病院へ行った。患

「ERの入り口」を案内する標示。県庁所在地にある公立病院。

部を消毒してもらうためだ。待合室では、民族衣装を身にまとった人びとの姿が目立つ。受付で事情を話し、前日に医師からもらった紹介状を渡すと、ＥＲ（緊急治療室）へ行くよう告げられた（↓写真・左）。たかだか腫れ物でＥＲをわずらわせるなんて申し訳ない。

でも患者のいない広々としたＥＲに通されて納得した。窓は開け放たれ、外光が室内に差し込んでいる。手すきのときは、取るに足らない手当てもするのだろう。キャスター付きのベッドが並び、つい立てはない。看護師が指さしたベッドの上で腹ばいになった。

しかし牧歌的な雰囲気はここまでだった。

痩せ型の若い男が担架で運び込まれ、私のすぐ右隣のベッドに移された。血だらけのタオルを頭に巻き、表情はうつろで身動き一つしない。医師一人と看護師五人が、そのベッドを取り囲んだ。

私は、腫れ物の出る幕ではないと判断し、彼らの背中に向かって小さく言った。「また明日、出直して来ます」。

するとベテランの女性看護師が、そこを中断してこちらへ来た。そして「あとにできた空洞の内部を洗浄・消毒してから、ヒモ状のガーゼをそこに詰めて、その上から絆創膏を貼ります」と説明した。

私が手当てを受けているあいだ、右隣のベッド下のカゴには、血糊のついた脱脂綿が次々と投げ込まれていく。「彼は、横転したトラクターの下敷きになったのよ」と、看護師は低い声で言った。一〇分ほどで患部の空洞内の消毒が済んだ。私は、痩身の男性の回復を祈りつつ、ＥＲを足早に後にした。

村の外れで栽培されている茶の木。乾燥茶葉の小売価格は、キロ当たり100バーツ。

ジャスミン茶

一時帰国の前になると、お土産を買う楽しみがある。稼ぎが悪いから、高価なものには手が出ない。自分なりに頭をひねったあとで、北タイ山村の特産物や民芸品に落ち着くことが多い。これで土地の文化が紹介できるし、わずかとはいえ住民の現金収入にもなるからだ。たとえば、コーヒー、紅茶、蜂蜜、織物、木工品、竹製品がある。

この秋に持ち帰ったのは、ジャスミン茶だ。ミャンマー国境に近い、中華系住民の村で買った。

村の歴史は、中国共産党との内戦に敗れた中国国民党の一派が国境を越えてタイに逃れてきたことに始まる。一九五〇年前後のことだろう。その後彼らは茶を栽培するノウハウを持っていたから、それをなりわいとした(↓写真・右／左)。現在、集落の中心部には茶葉の販売店が軒を連ね、若者受けの良さそうな宿泊施設も並んでいる。

押しの強い女主人に呼び込まれて販売店の一つに入り、丸テーブルにつく。そして間を置かずに供される茶を試しながら、巧みな宣伝文句に耳を傾けた。なんでも、村がそれなりの観光地化に成功したのは、ここの茶が持つ本場の品質がものをいったからだという。

ところで土産品を吟味するときに私は、その用途や価格にもまし

新茶の原料になる新芽と３枚の葉。

て、製造地や産出地にこだわっている。小六だったか、修学旅行先の奥日光で買った印籠形のキーホルダーが、トラウマなのかもしれない。帰宅後、印籠のタグをよく見ると、製造元の住所が東京だった。それを見つけた姉にしばらく、からかわれることになった。

——そんなこともあってか今回は、この村名産の茶を土産品にすると決めた。店内の陳列棚を眺めると、目玉商品の乾燥茶葉（紅茶）が並んでいる。一キロ入りで一〇〇バーツ。価格は手頃だ。でもビニール袋に茶葉を詰め、それを輪ゴムで閉じたものだから、お世話になっている方々への土産品とするには野趣がすぎる。

そこへ、ジャスミン茶の入ったショット・グラスが出された。口に含むとほんのりと甘く香りもよい。そんな気がした。ジャスミンの花が描かれた真空パックには、清潔感もある。女主人はたたみかける。「一袋二五〇グラム入りで二〇〇バーツのところ、お兄さんは一六〇バーツでいいよ」。六袋買った。

帰国後、恩師や支援者らにジャスミン茶を届けた。現地で土産品を選ぶときのこだわりなんかも言い添えると、好評だった。

最後に残った一袋は、週末を利用して実家へ遊びにきていた姉に渡した。一時帰国中の私は、実家で両親と同居している。姉は笑顔で茶の包みを受け取ったものの、やがて腑に落ちないという表情で口を開いた。「『原産国・台湾』って、漢字で書いてあるけど」。

長老宅前の林道の脇に立てられた電柱。

精米機

年明けまであと三日。私は、青々とした照葉樹林を通って、奥山の村へ入った。細い村道に沿って電柱や電線が整備されたのが、半年前(↓写真・右)。迎えに出てくれた寄宿先の長老は、「最近、電気炊飯器を買ったんだよ」と嬉しそうに言った。

精霊を崇拝するこの村では、年末年始に特別なイベントはない。私は「一週間ほどパソコン作業がしたいのですが、電気を使わせてもらえますか」と訊いた。長老は「どうぞどうぞ」とうなずいた。

長老夫妻は、次女夫妻と同居。次女らは新婚二カ月で、母屋一階を寝室とする。次女の夫は、ふもと町の自動車整備場で働いており、週末にだけ村へ戻る。長老らは「暖が取れるから」と離れの炉端で寝起きする。私は、母屋二階に就寝用テントを張らせてもらった。

翌朝七時、私は、掘削工事現場のような騒音と振動で起こされた。村びとがとっくに動きだす時間帯とはいえ、いったい何だろう。

原因は一階の軒下に置かれた電動式精米機だった(↓写真・左)。投入口に入れられたもみ米は、もみ殻と糠が削られ、白米となって排出される。所要時間はもみ米三〇キロで二〇分。長老は「長男がこの機械を持ってきてくれたんだ」と目を細めた。長男は町の小学校教師。一万七〇〇〇バーツ(およそ月給分)で購入したという。

電動式精米機の一例。手前は、細かく砕かれたもみ殻の山。

朝食後、長老は、精米機のそばにある木製の大テーブルを私にすすめた。私は、丸木イスに腰かけてノート・パソコンを開け、表計算ソフトでデータ類の整理をはじめる。精米機から跳ね飛ぶくず米に、放し飼いのニワトリ一〇数羽が、群がっていた。

長老らは、機械をもう一時間稼働させてから、野良仕事へ出た。

その直後、異様な冷風が裏山から吹きおろし、庭先の樹木を揺さぶった。そして季節外れの雷雨が、周囲を叩きだす。私は、横殴りの雨を避けるため、パソコンを持って家屋の二階へ逃げた。

長老らが駆け戻るのと同時に、部屋が停電。長老は、「電化製品に落ちるというから、気をつけて！」と叫んだ。鼓膜の破れそうな落雷もあった。私は、テントの中で寝ころんだ。

夕食後、落雷はおさまったものの、電気は復旧しなかった。私はヘッド・ランプを頭に装着し、腕まくりをする。そして「やっと作業に集中できる！」と、充電のわずかに残るパソコンに向かった。

ところが、雨音がしずまるにつれ、階下から、ささやくようなルークトゥン（演歌風の歌謡曲）が聞こえてきた。次女の夫が、ギターを爪弾きながら、新妻のために唄っているようだ。それは延々と続いた。振り回されている自分が、妙におかしい。

それから三日三晩、停電は続き、パソコン作業は、中断を余儀なくされた。私は、寝正月を満喫することにした。

林道と渓流が交差する所。乾季は水量が少ない。

かりんとう

はじめてタイを訪ねたのは二〇〇六年の春だ。水道も電気も満足に使えない山村で三週間、貯水タンクを作る手伝いをした。

それまで八年間、私は、塾講師のバイトで稼ぎながら、ガラにもなく作曲法の初歩を勉強していた。でも芽の出る兆しがちっともなく、かといってその後のビジョンも描けず、立ち止まっていた。ひとまず動き出す潮時が、とっくに来ていた。

とはいえ生まれつき臆病な私にとって、タイ山村の敷居は高い。そこで食あたりの予防法を大マジメに考え、飲料水六リットル、乾パン二四食、そして糖分補給用のかりんとう六袋を、現地へ持ち込むことにした。スーツケースは、はちきれんばかりだった。

出発日から、食あたりへの警戒を怠らなかった。朝、成田から乗ったタイ航空機で機内食を遠慮。バンコク経由でその晩チエンマイに到着し、市内のホテルに宿泊。夕食はパスした。翌朝、熱いコーヒーに口をつけてからミャンマー近くの町へ移動し、コテージ風のホテルに到着。昼と夜を抜いて、夕方にかりんとうを数本かじった。

三日目、ホテルの朝食券をゴミ箱に投げ入れてから、四駆車の荷台に乗りこんでホテルを出発。車は乾季半ばの奥深い森の中へと

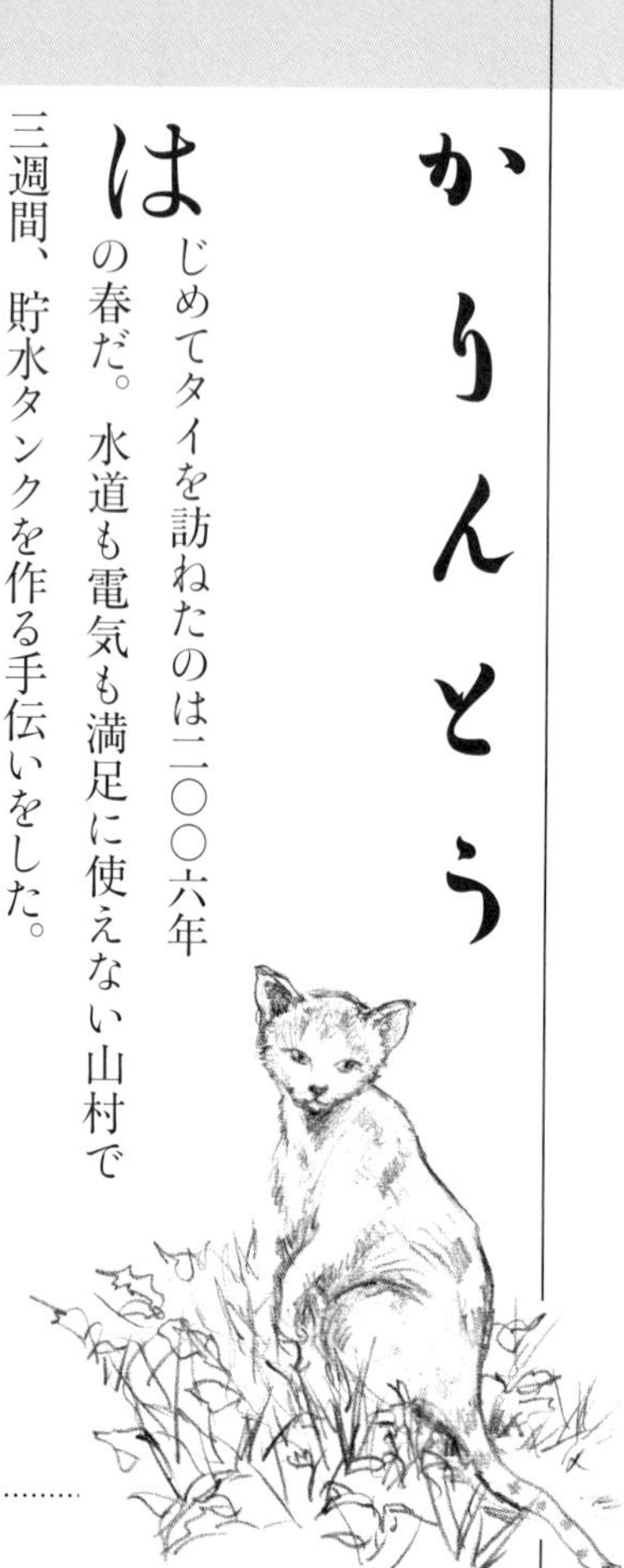

山村の入口に立つ納屋。古材を再利用し建てられた。

進んでいった。途中七カ所で水量のわずかな渓流を渡った(→写真・右)。ときおり見える干上がった水田では、放し飼いの水牛がのんびりと雑草を食んでいた。二時間ほどで、海抜五〇〇メートルの稜線に挟まれた細長い集落に到着し、車を降りた。

それから丸木造りの納屋(→写真・左)の中へ案内され、ほこりっぽい板の間で昼食となった。脇腹に大きな咬み傷を負った野良犬や、顔面が皮膚病の野良猫が、頻繁に戸口へ立ち寄る。そしてハエが七、八匹たかった焼き飯が、賄いの村びとから手渡された。野良犬の傷から移ってきたハエだろうか。およそ食欲が湧く状況じゃない。

でも不意に、逆らえない食欲に突き上げられ、都合二皿いただいた。このあと、コレラで死ぬんじゃないかと怯えながら夕食をパスし、夜は納屋の板の間に広げた寝袋の中で小さくなって眠った。

しかし翌朝、お腹が軽快に鳴る音で、私は目覚めた。

重い板戸を開け朝日を浴びると、「山村デビューに成功」という思いが込み上げてきた。私は、デイバッグを開けて食べかけのかりんとうの袋を取り出し、それを口元に当ててからひと息にあおった。

どういうわけか、粉を吸い込んだような息苦しさに襲われた。それと同時に、腹のポンプ(横隔膜)の反射的な作用で、口の中に頬張っていたかりんとうが、天井の高さまで勢いよく噴き上がった。

とっさに袋の中を睨むと、薄茶色の小アリが拳くらいの塊となってうごめいている。これが山村への加入儀礼かと私は思った。

モスキート・ラケット。ふもと町の雑貨店などで購入できる（1本150〜200バーツ）。

モスキート・ラケット

仮り住まいする納屋では、「モスキート・ラケット」を、手元に置いている。電気を帯びた金網で蚊を感電死させる、テニス・ラケットを模した充電式器具のことだ（↓写真・右）。

蚊が近づいてきたら、それをねらって、弧を描くようにラケットを素早く振る。通電した金網がうまく蚊をとらえると、ばりっと火花が散る。蚊はもちろん、その他の虫への使用にも耐える。ハエ、ガ、ヨコバイ、ウシアブ、ゴキブリ、小型のスズメバチ。ちなみに機能を度外視して、オオスズメバチやコウモリを叩いたこともある。

ラケットの扱い方に慣れたころ、こんなことがあった。

一年のうちで最も暑い、四月の正午のことだ。納屋二階（屋根裏）の気温が四〇度に近づいたので、私は、ふだん二階で使っている軽量のバーベキュー・テーブルを、一階へ担ぎ下ろした。小さな明かり取りが三カ所ついているだけの一階は、昼間でも薄暗い。でも気温は三、三度足らずなので、デスクワークをするのに適している。

ところで納屋の階段には、ユニークな特徴がある。下から数えて三段目と四段目のあいだの蹴込み板（踏板と踏板のあいだの、ふつう垂直に立つ板）が、四五度くらい傾斜していることだ（↓写真・左）。この種の大雑把な作りを、ここではよく見かける。

階段の下から3段目と4段目のあいだの蹴込みは、角度がほぼ45度。

一五時過ぎ、蚊が出てきた。私は、モスキート・ラケットを二階へ取りに上がり、それを手に提げて階段を下りてきた。

下から四段目の踏板に体重をかけたとき、だしぬけに獰猛な羽音が、私の耳元をかすめた。スズメバチか。握っていたラケットで、それをやみくもに払う。すると、電気を帯びた金網が、その真ん中でハチを捉え、それを遠くへと弾き飛ばした。

会心のひと振りで調子づいた私は、次のひと足を、三段目の踏板にではなく、角度のついた蹴込み板の上へ何の躊躇もなく下ろした。次の瞬間、私の身体はバランスを失った。二段目の踏板をなぜか左足の甲で蹴ったあと、肢体はもう秩序だった動きをしなかった。

——打ちっぱなしのコンクリート床に崩れ落ちて右手をついた。すると脇の下からみずおちにかけて肋骨に激痛が走り、左肩を下にした状態で倒れ込んだ。金網のよじれた無残なラケットは、少し離れたところに転がる。私は、瀕死の蚊のような心境で、右胸のあたりを手のひらでさすった。一五分ほど立ち上がれなかった。

三匹のカマドウマが、私の顔の上を跳ねていった。

病院へは行かなかった。骨折の有無はともかく、ここから、病院のあるふもと町まで下りるには、四駆車で二時間かかる。この状態で移動するのはキツい。その後一週間、痛みは引かなかった。くしゃみをすると右胸がひどく疼き、就寝中に寝返りが打てなかった。胸の違和感は幸い一カ月間ほどで消えた。

ヒメカブトのメス。日本のカブトムシ（メス）よりやや小ぶり。

ヒメカブト

夜、裸電球のもとで、H・D・ソローの『森の生活』の文庫本をのんびりと繰っていたときだ。突然、荒々しい羽音が聞こえて、私はうろたえた。オオスズメバチのよりも図太い振動だ。

音の出どころを恐々《こわごわ》と見上げると、黒っぽい甲虫が裸電球の周りを旋回しはじめた。開けっ放しの戸口から入ったようだ。ハチでないと分かると私は態度をひるがえし、ほうきの柄でそれを叩き落とした。ヒメカブトのメスだった（↓写真・右）。若竹の先から出るエキスに集まる小型のカブトムシだ。この辺りだと一〇月によく見かける。

私は、「村の子どもにあげよう」とそれを捕まえた。そして一・五リットルの空ペットボトルにカッターで切れ目を入れ、間に合わせの飼育箱を作ってから、その中へカブトを押しこんだ。

ところが、『森の生活』に戻って数ページ進んだあとで、私は、あっさりと翻意した。村の子どもからせがまれたならまだしも、珍しくもない虫を渡したところで、大事にしてもらえないだろう。

この土地では甲虫類がタンパク源だ。だからヒメカブトが、子どもたちからペット扱いされるようになったのは、近年のことだという。もちろんプラスチック製の飼育箱や昆虫ゼリーは村にない。

ちなみにオスの飼い方はこうだ。二〇センチに切ったサトウキビ

ヒメカブトのオス。サトウキビの茎にヒモでくくりつけておく。

の茎と、二〇センチのヒモを用意する。ヒモの一端をオスのツノにくくりつけ、もう一端をサトウキビに結ぶ(↑写真・左)。

私は、ペットボトルから取りだしたメスを、手の甲に置いた。それは、人差し指のつま先で歩くと、少々溜めてから羽を開き、裸電球を目指してゆっくりと飛び立った。

ヒメカブトは、野太い重低音を再び響かせて、私の頭上で円を描く。恩着せがましくも、私の耳には、「放してくれてありがとう!」というヒメカブトの声が、聞こえた気がした。

ふいに、村上春樹の短編『螢』のラスト・シーンが、思い出された。学生寮の屋上で、主人公の少年が、ビンに入れてあった蛍を逃がす。はかなげな少女の象徴であろう蛍が、光の弧を描く。少女に想いを寄せる少年は、光の残像のようなものに手を差し伸ばすも、届かない。——美しくもやるせない場面だ。ヒメカブトがこんな印象的な光景でも見せてくれたら、と私はやみくもに期待を寄せた。

その直後、ヒメカブトが、硬い前ばねを電球にぶつけてバランスを崩し、私の方へ向かってきた。とっさに文庫本で振り払おうとするも、失敗。ヒメカブトは、私の喉仏にぶつかって床の上に落ちた。

喉もとに違和感が残ったので手鏡で確認すると、わりと太めの赤いスジができていた。かぎ爪で引っかかれたらしい。期待が過大だっただけに、「飼い犬に手を咬まれた」と私は思った。

【エッセーの背景❼】

山村ならではの「リフレッシュメント」

◉エッセー「ヒメカブト」のような小さなアクシデントは、山村で珍しくありません。「ズボラな私ならでは」とも思います。

もっとも、こんな考え方もあります。多少の痛手にさえ目をつぶれば、ちょっとしたアクシデントが、リフレッシュメント(気分を一新させる事物)になるかもしれない!

㈠眼鏡とヒヨドリ

早朝、寝ボケまなこで水場へ行きました。高さ一・六メートル、幅三メートルのブロック塀に、細長い流し台。蛇口は三つ。私は、近視用の眼鏡を外して塀の上に置き、その隣にタオルを掛けました。

蛇口をひねると、奥山の沢の水が勢いよく出てきます。前かがみになって、髪と顔を石鹸で一気に洗いました。終えたあと、その姿勢で五秒ほど髪の水気を切ってから、腰を起こしました。

すると、眼鏡を嘴にくわえた一匹のヒヨドリが、塀の上からあわてて飛び立ちました。私は空に向かい威嚇しましたが、それは森の奥へと消えました。光景はボヤけているのに、目は冴えていました。

㈡小臼歯と飴

近所の子どもからもらった飴を舐めているとき、舌先が、異物を感知しました。私はとっさに、飴もろとも道端へ吐き出しました。この駄菓子類には、小石などの混入がまれにあるからです。

二〇分後、こんどは、右下顎の小臼歯(犬歯の奥)に小さな穴が空いているのを、舌先が発見しました。異物とは、虫歯治療のため詰めてあった金属片だったのです。私は、村の若者に相談しました。

すると若者は、「私たちには、歯科にかかる習慣がありません」とさらりと言いました。それを聞いたとき私は、この穴が、村びとの世界へ通じているのではないか、というフシギな気がしました。

㈢ドリンキング・ウォーター(浄水処理された飲料水)

山村では、沢の水を沸かしたものの他に、安価で安全な市販のドリンキング・ウォーターを飲んでいます。

でも村びとのお宅の炉端などに、見慣れた銘柄のボトルが置いてあると、つい飲んでしまうことがあります。ここの集落では、ペット・ボトルが再利用されますから、中味は生水かもしれません。

煮沸前の沢の水を誤って飲んだときは、特に胃腸の動きを経過観察します。変調を来たさなかった場合は、周囲の山々に受け入れられたような、大らかな気持ちになります。

おわりに

冒険の谷

北タイの山奥について「冒険の谷」と感じることがあります。
E・ブライトン『冒険の谷』へのオマージュなのか？
そんな表現がぴったりします。
本書を閉じるに当たり、「冒険の谷」という切り口から、
現地活動についての課題と決意に触れたいと思います。
ここで言う「冒険」は、辞書にある「危険を冒して挑む」というより、
「好きこのんで行なう」に近いです。
ちなみに「好き」を追求する態度は、学生時代の
恩師から学んだ人生観の一つです。

◉

また「谷」は、「細長い窪地」という本来の意味を超えて、
「山の稜線に挟まれた、集落、農地、里山」、もっと言えば
「そんな自然や生活に対する、村びとの感じ方」をも含んでいます。
ですから「冒険の谷」の大意とは、「私が、喜びや感謝とともに
手探りで分け入っている、『村びとの世界観』の中」でしょうか。
もっとも「冒険」は、R・L・スチーブンソンの冒険小説から、
また「谷」は、大江健三郎が物語る、共同体としての「森の谷間」から、
そのうわべだけをパクっている気もします。

それはさておき、近年私は、まだ見知らぬ山村を訪ねるとき、面識のある村びとの、縁戚のつてをたどることが少なくありません。

◉

このときに役立つのは、胸襟を開く姿勢と、少数民族語です。山村に到着したら、案内人である村びとの親戚筋はもちろん、村内でときに「弱者」と呼ばれるお年寄り、障がい者、小作人、女性、子どもとの団らんや野良仕事に、彼らからオファーをいただけば、加わらせてもらいます。そのような方々の生活の一部に、直に触れられるからです。その後、彼らからすすめられたら、村の幹部宅へもうかがいます。この順序を踏まえると、「村に関する窓口が、村の幹部やその連絡役だけ」という状況も避けられます。

◉

村内で目立つことの少ない人びととの語らいは、村外者が「素朴かつ平穏」とひとくくりにしがちな山村社会の中の、たとえば「豪農と水飲みの差」や「地縁や血縁に根ざす序列」にも光を当てます。結果的に、村びとが「当たり前のもの」と見据えている村の全体像が、垣間見えてきます。

とはいえ、これは「村の自治に対する干渉」と……

村の上層部に見なされかねませんから、
ときに緊張を伴う対応が、私に乞われます。

◉

この辺りの事情が、いわゆる冒険的でもあります。
生来の能天気、ズボラ、臆病な言動を
うまくコントロールすることが、今後の私の課題です。

山村生活を通して、私の容姿、性格、出自、宗教、
仕事は、村じゅうへ知れわたります。
すると村びとが、何かと世話を焼いてくれ、
ときには手厳しくもある、家族に似た存在へと変わってゆきます。

◉

そんな揺りかごの中で、私は、現地活動と取り組んでいます。
村の方々への心からの感謝とともに、
朗らかに飾らず、今後も「冒険の谷」（村びとの世界観の中）へ
分け入っていきたいと思います。

二〇二一年三月

富田 育磨

村の峠からの眺め。
宮崎駿監督の描く飛行体が現われそうな大空が広がる。

謝辞にかえて

北タイ山村での活動と本書の出版に際し、
多くの方々からお力添えを賜りました。
記して、心よりの謝意を表します。

［諸先生方、専門家の方々］

◉現地活動の全般にわたり御高訓と御支援にあずかりました、長尾健治院長（中条クリニック）、長尾春江院長（八重洲内科）、川嶋辰彦理事長（NPO法人草の根国際協力研修プログラム）。

◉現地活動を支える思想や知見について御高教にあずかりました、松島如戒相談役（NPO法人りすシステム）、奥田昌道名誉教授（京都大学）、山田恒夫教授（放送大学）、綾部真雄副学長（東京都立大学）、小川寿美子教授（名桜大学）。

◉北タイの諸制度や近現代史の理解、および研究環境の構築について御高配にあずかりました、パイサン・ナンタ副本部長 Pol.Col. Paisan NUNTA（チェンマイ県警察本部）、ピヤパン・ナンタ講師 Dr. Piyphun NUNTA（メージョー大学大学院）、ナコン・ポンノイ理事長 Aj. Nakorn PONGNOI（メーファールアン芸術文化公園）。

［北タイ少数民族山村の住民の方々］

◉家族や親戚のように、何かと世話を焼いてくれ、ときには厳しくもある、かけがえのない存在。

そのふところで私は、現地の言葉を学び、常識を身につけ、文化理解を深めることができました。

［北タイ山村で活動を共にしたボランティアの皆様］

◉これまでに寝食を共にしたボランティアは、日本やタイの大学生を中心に、少なくとも四〇〇人に上ります。毎回私は、ボランティアの熱意と行動力に胸を打たれています。

［学生時代からの音楽仲間、地元学習塾講師時代の諸先生方］

◉日本へ一時帰国するたびに、私は、現地山村での体験を、諸姉諸兄に披露してきました。場数を踏むうちに、私の語りからムダが省け、その結果、それらをエッセーとして綴ることができました。草稿の一部については、技術指導もしていただきました。

［本書の出版に関する専門家の方々］

◉北タイ山村を二度にわたり訪問され、村びとの暮しが見事に映える水彩画、カット、地図を描いて下さった、久保谷智子氏。

◉現地の生活や自然の魅力を最大限に引き出す、美しいブックデザインを施して下さった、新保韻香氏。

◉「日本タイクラブ」の研究会（二〇一八年一〇月）で私の現地活動報告を御覧になったあと、私のエッセーに御関心を寄せて下さるとともに、さらに書き進めるよう励まして下さった、めこん編集者の面川ユカ氏。

◉編集作業の最終段階で、エッセーの内容に丁寧なコメントやヒントを与えて下さり、本書の出版へ向けて忍耐強く、また温かくお導き下さいました、めこん社長の桑原晨氏。

富田育磨（とみた いくま）……東南アジア地域ボランティア、フィールドワーカー
●一九七二年、千葉県生まれ。学習院大学経済学部卒。
銀行を九カ月間で退職のあと、地元学習塾でアルバイトをしながら、
和声理論や民族音楽の基礎を学ぶ。二〇〇六年、はじめてタイを訪ねる。
●二〇〇八年から、北タイの少数民族山村を頻繁に訪ねて滞在し、少数民族語を使って、
森林の緑化活動、伝承歌や生き物の調査活動、日本語の普及活動にかかわる。

これまで現地で寝食を共にしたボランティアの人数は、日本とタイの大学生を中心に四〇〇人に上る。
●現在、メーファールアン芸術文化公園（タイ王室財団が管轄する文化施設）
特別主任研究員（北タイ山村担当）、ＮＰＯ法人草の根
国際協力研修プログラム（日本のＮＧＯ）タイ現地担当。
●放送大学総合科目「情報化社会と国際ボランティア」
（放送＝二〇一九年四月～）の第一三回にゲスト出演。
また、タイ国家学術調査委員会（ＮＲＣＴ）より
研究許可証（期間＝二〇一九年一二月～二〇二一年七月）の交付を受けた。

北タイ・冒険の谷

第一刷発行　二〇二一年四月二〇日

●定価……二五〇〇円＋税

●著者……富田育磨©　●挿画……久保谷智子

●装丁……新保韻香

●発行者……桑原晨

●発行……株式会社めこん　〒一一三―〇〇三三 東京都文京区本郷三―七―一
電話 〇三(三八一五)一六八八　FAX 〇三(三八一五)一八一〇
http://www.mekong-publishing.com

●印刷・製本……株式会社太平印刷社

ISBN978-4-8396-0323-6 C0030 Y2500E
0030-2101323-8347